Ron van Valkenberg

ATLAS DER NATUR-GEISTER

Kontakt zu einer
märchenhaft anderen Welt

LUDWIG

INHALT

Reise in eine andere Wirklichkeit 5
Die Welt der Feen und Elementare 6
Die drei goldenen Schlüssel 10

Die Hüter der Natur 13
Die geheimen Kräfte der Elemente 14
Heilung – Kräfte der Erde 16
Reinigung – Kräfte des Wassers 18
Klarheit – Kräfte der Luft 20
Erneuerung – Kräfte des Feuers 22

Erde 24
Meditation über das Erdelementar 24

Wasser 25
Meditation über das Wasserelementar 25

Luft 26
Meditation über das Luftelementar 26

Feuer ... 27
Meditation über das Feuerelementar ... 27

Märchenhafte Naturgeister ... 29
Die Bewohner der Feenwelt ... 30
Zwerge, Alven, Gnome ... 32
Die schönsten Märchen über Erdgeister ... 36
Von Seejungfrauen und Wassermännern ... 38
Die schönsten Märchen über Wassergeister ... 40
Elfen, Sylphen und Devas ... 42
Die schönsten Märchen über Luftgeister ... 44
Salamander und Feuergeister ... 46
Die schönsten Märchen über Feuergeister ... 48

Kontakte zur Feenwelt ... 51
Die Entdeckung des Wunderbaren ... 52
Magische Wirklichkeiten ... 54

Impressum/Bildnachweis/Autor ... 63
Register ... 64

REISE IN EINE ANDERE WIRKLICHKEIT

Die Natur ist von Leben beseelt. Hinter den sichtbaren Formen des Lebens existiert eine andere Wirklichkeit – das Reich der Naturgeister. Feen, Elfen, Devas, Kobolde und viele andere Naturgeister leben nicht nur in Sagen, Mythen und Märchen fort, sondern sind erfahrbare Geistwesen, die uns mit der Natur, die uns umgibt, verbinden.

Die Welt der Feen und Elementare

Welches Zeitalter, welche Kulturen, Überlieferungen und Mythen wir auch betrachten: Überall und immer wird hierin von Wesen erzählt, die in einer Welt leben, die neben unserer sichtbaren existiert und doch mit unserer Welt auf subtile und einzigartige Weise verbunden ist.
Sensiblen Menschen haben sich Naturgeister zu allen Zeiten und überall auf der Welt gezeigt – lichtvolle Gestalten und dunkle, ätherische Geschöpfe, die in den Lüften leben, und gedrungene, bodenständige Wesen, die ihre Heimstätten unter der Erde haben. Besonders die Welt der Pflanzen ist von geheimnisvollem Leben durchdrungen.
Bei uns sind diese Wesen als Feen, Elfen, Zwerge, Gnome oder Nixen bekannt – doch jede Zeit und Kultur, jedes Volk und jeder Ort hat eigene Bezeichnungen für diese verborgenen Wesen der Natur.

»Die Natur ist ein
unendlich geteilter Gott.«

Aus der »Theosophie des Julius« von
Friedrich Schiller (1759 – 1805)

Im Folgenden wollen wir uns den Naturgeistern annähern, die in unserer Kultur heute beinahe vergessen sind. Dies soll einerseits durch das Betrachten der Überlieferungen über Naturgeister geschehen, andererseits aber auch dadurch, dass wir lernen, unsere Sinne und unser Herz wieder für das Wesentliche zu öffnen.

Die Herkunft der Naturgeister

Woher kommen Naturgeister? In den frühesten Epochen der Menschheitsgeschichte stellte sich diese Frage nicht. Die Jäger und Sammler dieser Zeit nahmen das, was ihnen offensichtlich schien, als gegeben hin. Sie sahen sich selbst als einen Teil der von Leben durchwebten Natur. Naturgeister warfen keine Fragen auf – sie waren vielmehr die Antwort auf unerklärliche Vorgänge in der Natur. Die Menschen versuchten, Erklärungen für die Naturphänomene zu finden, um ihre Welt besser zu verstehen. Woher kommen Blitz und Donner? Was verursacht das Wellengekräusel auf Seen, Teichen und Flüssen? Was lässt die Pflanzen wachsen, und warum weht der Wind?
Sie nahmen an, dass bei den Erscheinungen in der Natur Wesen am Werk sein mussten – Wesen, die zwar nichtmenschlicher Natur waren, aber doch menschenähnlich sein mussten.
Als sich im Lauf der Zeit die Kultur verfeinerte, differenzierten sich auch die Aufgaben der Mitglieder der Stammesgemeinschaften. Einige waren nur noch Jäger, andere Handwerker, und einige wenige, die die besondere Gabe hatten, die Dinge hinter den Dingen wahrzunehmen und mit der Natur zu kommunizieren, wurden Schamanen,

Priester und Heiler. Diese Menschen erkannten die Zusammenhänge deutlicher, und sie waren in der Lage, die bis dahin unpersönlichen Geister der Natur als konkrete Einzelwesen wahrzunehmen.

---

*»Ist nicht der Himmel der Vater,
die Erde die Mutter?
Und sind nicht alle Lebewesen,
ganz gleich ob sie nun Füße, Flügel
oder Wurzeln haben, ihre Kinder?«*

Schwarzer Hirsch
(Schamane der Sioux)

Dass die Erkenntnisse dieser sensiblen Menschen nicht beliebig waren und mehr als nur individuelle Phantasie dahinter steckt, können wir schon daraus ablesen, dass sich die Beschreibungen der Naturgeister zu ganz verschiedenen Zeiten und in den unterschiedlichsten Kulturen zum Teil verblüffend ähneln. Aber davon später mehr.
Allmählich erkannten die Menschen auch, dass hinter den Naturgeistern höhere Prinzipien stehen mussten. Und sie nahmen wahr, dass es nicht nur in der materiellen Natur Geister gab, sondern ebenso auch in der geistigen Welt. Schließlich unterschieden sie zwei Prinzipien oder Mächte: die Natur und das Geistige – den Himmel und die Erde.
Die verschiedenen herrschenden Aspekte der natürlichen und der geistigen Welt nannten sie Götter. Aber die Götter waren eben nur die mächtigsten Geister. Und es musste noch etwas Höheres geben, das über diesen Geistern stand – etwas oder jemand, der das Grundprinzip von allem in sich verkörperte.

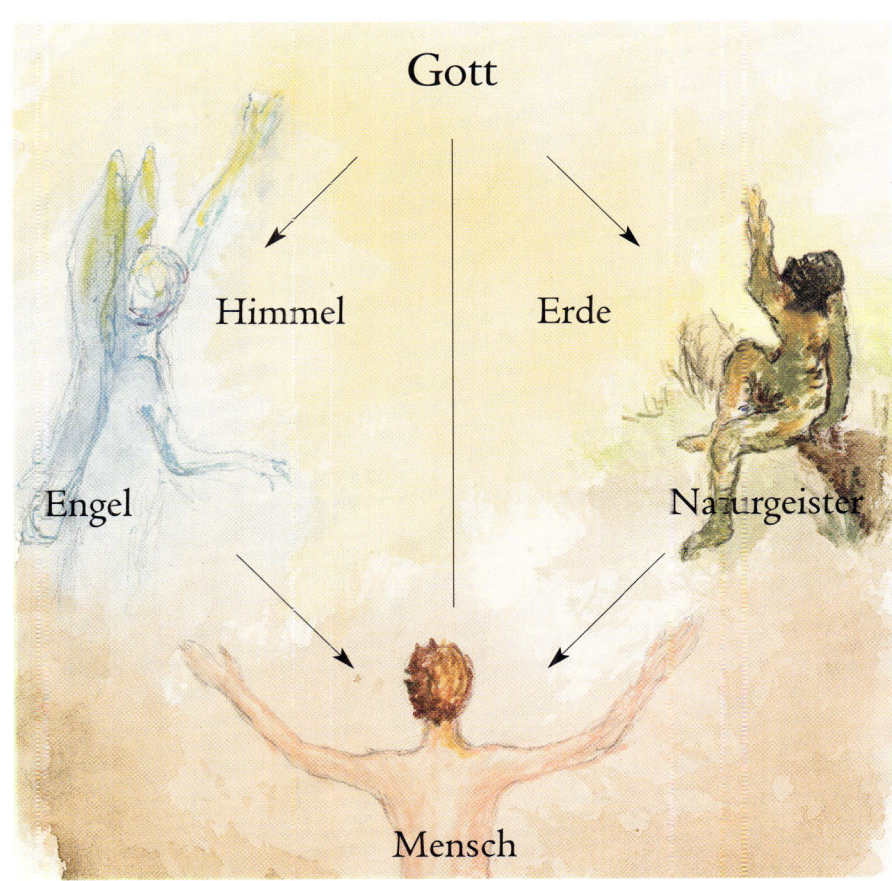

»Am Anfang schuf Gott Himmel und Erde ...« (Genesis 1,1)

Das Prinzip des »All-Einen« fanden schließlich alle Hochkulturen, sei es im Tao, Brahma, »Großen Geist« oder in Gott.
Gott, das All-Eine, das Tao – wie wir die ursprüngliche Schöpfungskraft auch nennen: Alles entspringt letztlich aus dieser Kraft. Im höchsten Sinne ist Gott der Inbegriff der Vollkommenheit. Gott, der »Ur-Eine«, schuf zunächst Himmel und Erde. Und jeder Teil dieser Zweiheit ist wiederum von Gott belebt. Die Wesen des Himmels, der geistigen Welt – und die Wesen der Natur, der materiell-spirituellen Welt. Der Mensch steht zwischen diesen beiden Welten. Er ist in keiner Welt ganz zu Hause und in keiner ganz fremd. Das spirituelle Ziel des Menschen ist letztlich die Kommunikation mit Gott – nicht nur Gott als dem himmlischen Vater, sondern auch als der Personifikation der Erdmutter. Wenn Gott aber alles umfasst, dann muss der Mensch auch mit diesen beiden Aspekten Gottes vertraut werden, um seine wahre Erfüllung zu finden.

---

*»Es gibt etwas, das vor dem Urzustand war,
noch früher als Himmel und Erde,
so still, so weit, so in sich ruhend,
unwandelbar, so unermüdlich kreisend.
Die Urmutter kann man es nennen.
Doch kenne ich seinen Namen
nicht, ich sage Tao.«*

Aus dem Tao te King von Lao Tse
(um 500 v. Chr.)

Doch für den menschlichen Verstand und Geist ist es unmöglich, Gott rational zu fassen und zu begreifen. Daher gibt es Mittler zwischen diesen beiden Welten: die Engel auf der einen Seite als die lichten Boten Gottes und die Naturgeister auf der anderen Seite, die unsere Verbindung zur Mutter Erde deutlich machen.

Lassen Sie mich diese Zusammenhänge vereinfacht mit einem Bild erklären. Stellen Sie sich das gesamte Sein als eine Firma vor. An der Spitze steht der Firmengründer (Gott). In der Firma gibt es zwei Abteilungen: die Forschungsabteilung (Himmel) und die Produktion (Erde). Die Mitarbeiter der Forschungsabteilung (Engel) leisten die geistige Arbeit, während die Mitarbeiter der Produktionsabteilung (Naturgeister) sich den praktischen Aspekten widmen.

In der Produktion unterscheiden wir wiederum die direkten Angestellten der Firma, die verschiedenen Aufgaben nachgehen (Wesen der Feenwelt), und die weiter entfernten, die dafür sorgen, dass die Produktion überhaupt arbeiten kann – die Lieferanten, Hersteller der Maschinen, die Verkäufer der Produkte usw. (Elementargeister). In jedem Bereich gibt es wichtigere und weniger wichtige Wesen, sehr einflussreiche und solche, die die kleinsten Aufgaben erfüllen.

Aufgaben der Engel und Naturgeister

Engel Sie stellen den Kontakt zum himmlischen Vater her und machen dem Menschen seinen himmlischen Ursprung bewusst.

Naturgeister Sie stellen den Kontakt zu Mutter Erde her und machen dem Menschen seinen irdischen Ursprung in aller Deutlichkeit bewusst.

NATURGEISTER

Elementare		Feenwelt			
Erde		Erde	Wasser	Luft	Feuer
Wasser		Zwerge	Nixen	Elfen	Salamander
Luft		Gnome	Undinen	Devas	Feuerdevas
Feuer		Kobolde	Najaden	Sylphen	Vulkane
		Trolle	Nereiden	Oreaden	Djinns
		Wichtel	Asrai	Dryaden	
		Dunkelelfen	Selkies	Leschiye	
		Leprechauns	Meer-	Brownies	
		Alven	jungfrauen	Korrigans	
		Sidhe	Wasser-	Peris	
		Satyrn	männer	Dames vertes	
		Zapfenmandl	Wasser-		
		Follets	nymphen		

Die verlorene Einheit mit der Natur

In früheren Zeiten standen die Menschen der Natur näher als heute. Kein Wunder also, dass sie auch selbstverständlicher mit den Wesen der Natur kommunizierten. Im Laufe der Entwicklung gewann zunehmend auch der geistige Aspekt an Bedeutung. Mit dem Wachstum des geistigen Aspektes nahm jedoch die Einheit mit der natürlichen Welt ab, und die Menschen verlernten nach und nach, mit den Wesen der Natur in Kontakt zu treten. Fehlt jedoch ein Teil des Ganzen, leidet auch der andere Teil darunter. So ist unsere heutige Welt nur scheinbar von mehr Geist durchdrungen. Während wir verlernten, mit den Wesen der Natur in Verbindung zu treten, haben wir nicht gelernt, mit den himmlischen Wesen zu kommunizieren.

In diesem Buch geht es um die Wiederherstellung unseres ursprünglichen Einklangs mit der Natur. Wenn dieser Einklang wieder erreicht wird und wir gleichzeitig unsere geistigen Qualitäten zu kultivieren lernen, dann werden wir auch in der Lage sein, mit den himmlischen Wesen Kontakt aufzunehmen und Zwiesprache mit ihnen zu halten.

Die Vielfalt der Naturgeister

Jedes Volk, jede Zeit, jeder Ort hat seine Naturgeister. Viele Menschen, die sich heute darum bemühen, die alte Verbindung zu den Geistern der Natur wieder aufzunehmen, sind verwirrt von der kaum überschaubaren Vielfalt der Namen und Beschreibungen. Da gibt es Bezeichnungen wie Feen, Elfen, Devas, Leschiye, Sylphen – und zahllose Schilderungen dieser Wesen, die ganze Bände füllen könnten.

All diese Namen und Beschreibungen gehen jedoch zum größten Teil am Wesentlichen vorbei. Warum dies so ist, werde ich Ihnen später ausführlich erklären. Damit Sie jedoch einen ersten Überblick über die Vielfalt der Naturgeister bekommen und erkennen, dass diese Vielfalt gar nicht so unübersichtlich ist, wie es zunächst scheinen mag, finden Sie oben eine kleine »Systematik« der Naturgeister.

Wie Sie in der Tabelle auf Seite 8 sehen, kann man zwischen zwei großen Gruppen unterscheiden, den Elementarwesen und den Wesen der Feenwelt. Unter Elementarwesen (auch Elementare oder Elementargeister) werden hier diejenigen Naturgeister verstanden, die direkt in und durch die Elemente wirken. Die ganze Natur ist belebt – und die Elementargeister sind die ursprünglichsten Formen des Lebens in der Natur. Diese Wesen können mikroskopisch klein sein und einen Feuerfunken oder einen Wassertropfen beleben, aber auch gewaltige Wesenheiten sein, die einem Stern oder einem Meer seine Individualität verleihen. Die Elementare sind für den menschlichen Geist nur ansatzweise begreifbar, und die Kommunikation findet nicht auf der bewussten Ebene statt.

Die Wesen der Feenwelt hingegen sind sehr individuell. (Daher kann man sie auch im Gegensatz zu den elementaren Naturgeistern als personale Naturgeister bezeichnen.) Sie können jenen Menschen, die mit offenen Augen, Ohren und Herzen in die Welt blicken, sichtbar werden. Mit ihnen ist eine bewusste Kommunikation möglich. Die größten Missverständnisse bestehen bezüglich der Feen. Sprachhistorisch gesehen stammt das Wort Fee vom lateinischen »fatum« (Schicksal) ab. Daraus entwickelte sich das französische fée, das englische fairy und das deutsche Wort Fee. Nur in der deutschen Sprache wurde die Bedeutung für Fee eingeengt auf die »zauberkundige Frau«. Im englischen und im französischen Sprachraum sind Feen von ihrer Funktion her dagegen sehr vielfältig: Es gibt kleine, große, mächtige und weniger mächtige Feen, erdbewohnende wie wasserbewohnende Feen. Daher erscheint es mir sinnvoll, den Begriff Fee in seiner Bedeutung umfassender zu verwenden, nämlich für alle personalen Naturgeister (im Gegensatz zu den elementaren Naturgeistern). Das Wort Fee oder besser »Wesen der Feenwelt« bezeichnet also sowohl Elfen, Sylphen und Dryaden als auch Zwerge, Nixen und Feuergeister. Vergessen Sie aber bei all dem nicht, dass diese Worte uns nur zur Orientierung dienen: Die Bewohner der Feenwelt dagegen entziehen sich exakten Definitionen.

DIE VIER ELEMENTE

Element	symbolisiert	Bedeutung für den Menschen
Erde	Festigkeit	Gesundheit, materielles Sein, Standhaftigkeit, Lebenskraft
Wasser	Veränderung	Flexibilität, Lebensfreude, Macht, Befreiung von negativen Kräften
Luft	Durchdringung	Klarheit, geistiges Sein, Inspiration, Einsicht, Lebendigkeit
Feuer	Transformation	Überschreiten von Grenzen, Neuanfang, Wiedergeburt

Die vier Elemente

Sicher ist Ihnen aufgefallen, dass in der Ordnung der Naturgeister immer wieder von den vier Elementen die Rede ist. Natürlich sind das nicht die Elemente unserer wissenschaftlichen Chemie, sondern weitaus ältere und ursprünglichere Wirkkräfte. Erstaunlich ist, dass viele Hochkulturen eine Elementenlehre entwickelten – und dass die Elemente dabei immer die gleichen waren. Sowohl die Griechen als auch die Chinesen und Inder kannten die Elemente Erde, Wasser, Luft und Feuer. Auch das Kreuz symbolisiert die vier Elemente.

Wichtig ist zu verstehen, dass diese Elemente nicht in erster Linie Stoffe bezeichnen, sondern vielmehr Urkräfte. Diese Urkräfte erscheinen in allen Wesen der Natur, sowohl in der sichtbaren Natur als auch in den Naturgeistern. Dabei sind die Elementargeister, wie ihr Name ja schon andeutet, stets fest mit einem der vier Elemente verbunden. Bei den Wesen der Feenwelt ist diese Verbindung zu einem einzelnen Element meistens nicht so stark ausgeprägt. Sie sind vielschichtiger als die Elementargeister und tragen die Kräfte von mehr als einem Element in sich. Die Elfen sind sogar mit allen vier Elementen verbunden – wie auch der Mensch. Daher fällt den meisten Menschen der Kontakt zu den Elfen auch besonders leicht

Zu allen Naturgeistern, all den Wesen der Feenwelt wie auch den Elementargeistern, kann der Mensch Verbindung aufnehmen und auf diesem Wege an Einsicht, Weisheit, Erfüllung und Lebensfreude gewinnen.

Die drei goldenen Schlüssel

»Ich habe immer gefunden, dass die Türen, durch welche ich gehen soll, sich mir von selbst öffnen. Gewaltsam durchzudringen, ist mir nie gut bekommen.«

Robert Wilhelm Bunsen
(Chemiker und einer der bedeutendsten Naturforscher des
19. Jahrhunderts,
1811 – 1899)

Im Kapitel »Kontakte zur Feenwelt« (siehe ab Seite 51) werden Sie Schritt für Schritt erfahren, wie Sie mit Naturgeistern in Verbindung treten können. Hier einige wichtige Vorbemerkungen: Jeder Mensch ist im Grunde in der Lage, die Naturgeister zu »sehen«. Es ist jedoch nur ein scheinbares Sehen mit den Augen. In Wahrheit sieht die Seele, und das Auge macht daraus ein Bild. Die drei goldenen Schlüssel zur Erfahrung mit den Naturgeistern sind ganz einfach:

- Die Augen öffnen
- Die Ohren öffnen
- Das Herz öffnen

Von diesen drei genannten Punkten ist der dritte der wichtigste: Ohne das Herz zu öffnen, ohne die Bereitschaft, das Wunderbare zu erkennen und anzuerkennen, ohne Ehrfurcht und ohne Staunen wird sich kein Naturgeist den menschlichen Sinnen offenbaren. Kontakt mit den Naturgeistern lässt sich nicht durch besondere Technik erreichen, sondern durch Offenheit der Sinne und des Herzens.

Das Wesentliche sehen

Indem wir lernen, die Naturgeister zu sehen, lernen wir, den Blick auf das Wesentliche zu richten: auf die Dinge, die wirklich Bedeutung für uns haben, die unser Sein, nicht unser Haben bereichern. Jeder, der Augen hat, mit denen er wirklich sieht, wird immer wieder bemerken, dass das Offensichtliche nicht die ganze Wirklichkeit ist. Damit schlägt er den Bogen zurück in die Urzeit der Menschheit, als die ersten Menschen begannen, nicht nur ihre körperlichen Bedürfnisse nach Nahrung, Schutz und Fortpflanzung zu befriedigen, sondern auch anfingen, nach geistig-seelischer Nahrung zu suchen.

*»Geheimnisvoll am lichten Tag
lässt sich Natur
des Schleiers nicht berauben,
und was sie deinem Geist
nicht offenbaren mag,
das zwingst du ihr nicht ab
mit Hebeln und mit Schrauben.«*

Johann Wolfgang von Goethe
(1749 –1832) aus »Faust 1, Nacht«

Das Schauspiel, das die Natur inszeniert, ist an Schönheit nicht zu überbieten. Ein Sonnenuntergang ist wie ein Versprechen an das Leben.

Nur scheinbar sind wir ja heute viel weiter. Geistige Nahrung gibt es mehr, als wir verdauen können. Allein die Informationen eines einzigen Lexikons oder eines Tages vor dem Fernseher sind mehr, als sie Menschen früherer Zeiten in ihrem gesamten Leben ansammeln konnten. Doch sind die Informationen, die wir Fernsehen, Hörfunk, Zeitungen und Zeitschriften, Internet oder auch Büchern entnehmen können, wirklich die geistige Nahrung, derer wir essenziell bedürfen? Ich denke, wohl kaum!

»Aller Verstand muss sich zuletzt im Unwesentlich-Wirklichen verlieren.
Die träumende Phantasie allein findet den Aufstieg zum Wesentlich-Wahren.«

Walther Rathenau
(Politiker, 1867 – 1922)

Sie werden selbst wissen, dass Sie der Anblick einer Blume, eines Baumes, Meeres oder Sonnenuntergangs viel tiefer berührt, als es alle Informationen je tun könnten. Denn das Wesentliche liegt in den lebenden Kräften der Schöpfung. Um die Welt wahrhaft erfassen und über das Wunder der Welt staunen zu können, taugen Internet und Fernsehen wenig – wir müssen selbst hinausgehen, um eine alte Welt neu zu entdecken.

Eine neue Welt entdecken

Nur wenigen von uns ist die Feenwelt vertraut. Ja, die meisten Menschen würden sogar behaupten, dass nur die Welt der Dinge, die Welt der Politik, der Wissenschaft und der Technik real ist. Die Natur erscheint diesen Menschen als nicht wirklich belebt, sondern als eine Abfolge chemischer Reaktionen. Doch auch sie spüren eine Sehnsucht nach Sinn und Bedeutung in sich. Diesen Sinn werden sie allerdings in der sichtbaren Welt, die sie für die einzige Wirklichkeit halten, niemals finden können. Jeder, der in die Natur hinausgeht und sich vorurteilslos öffnet, wird spüren können, dass es noch etwas hinter den Dingen gibt. Er wird Wahrnehmungen haben, die sich nicht fugenlos in sein Weltbild einordnen lassen. Wenn er dann diese Wahrnehmungen nicht sofort als Trugbilder, Sinnestäuschungen oder Zufall klassifiziert und in eine der vielen kleinen Schubladen steckt, die der Mensch sich so gern einrichtet, um sich die Welt zu erklären, dann wird er noch viel mehr erleben. Seine Wahrnehmungen werden intensiver werden, die Dinge beginnen zu ihm zu sprechen, und das Wunderbare tut sich allmählich vor ihm auf. Irgendwann werden sich ihm die Geister der Natur deutlich offenbaren, und vielleicht – mit ein wenig Geduld und Liebe – werden die Geister der Natur beginnen, zu ihm zu sprechen.

»Wer die Welt nicht von Kind auf gewohnt wäre, müsste über ihr den Verstand verlieren.
Das Wunder eines einzigen Baumes würde genügen, ihn zu vernichten.«

Christian Morgenstern
(Dichter, Schriftsteller und Dramaturg, 1871 – 1914)

DIE HÜTER DER NATUR

Die Hauptaufgabe von Elementaren ist ihre Schutzfunktion und ihre Kraft spendende Wirkung. Auch das scheinbar Unbelebte ist von der Kraft des Lebens durchdrungen. Steine, Flüsse, Winde und Blitze sind nicht nur physikalische Erscheinungen, sondern ebenso wundervolle Ausdrucksformen der Elementargeister. Mit Hilfe dieser Wesen verbinden wir uns mit den spirituellen Kräften von Erde, Wasser, Luft und Feuer.

Die geheimen Kräfte der Elemente

Schon die Weisen der alten Ägypter, der Chaldäer, Inder und insbesondere die Philosophen im alten Griechenland waren der Ansicht, dass die vier Elemente von Elementargeistern bevölkert und belebt werden.

»Wer sie nicht kennte, die Elemente, ihre Kraft und Eigenschaft, wäre kein Meister über die Geister …«

Aus »Faust 2« von Johann Wolfgang von Goethe (1749 – 1832)

Diesen Gedanken griff im Mittelalter Paracelsus (1493 – 1541) wieder auf. Er nannte dabei folgende Gattungen von Elementargeistern: Die eher düsteren, doch mit großer Kunstfertigkeit begabten Gnome, die zum Element Erde gehören; die betörenden Undinen, die in Quellen und anderen Gewässern leben und zum Element Wasser zählen; die unbeschwerten, heiteren Sylphen, die die Lüfte bewohnen und dem Luftelement zugeordnet sind, und schließlich die geheimnisvollen Elementare des Feuers, die Salamander. Paracelsus stiftete mit dieser Zuordnung jedoch eher Verwirrung, denn die Elementargeister, von denen wir hier sprechen, also die Wesen, die direkt in und durch die Elemente wirken, sind zu weit von unserer menschlichen Welt entfernt, als dass sie wie bei Paracelsus mit menschlichen Begriffen beschrieben werden könnten. Sie sind weder kunstfertig, betörend noch schön. Allein das Attribut geheimnisvoll trifft in gewisser Weise für die Elementargeister zu – allerdings für alle Elementare.

Elementargeister

Die Elementargeister sind für uns Menschen nicht als individuelle Wesen erfassbar. Wir können sie als Energien oder Kräfte erfahren – was jedes Mal der Fall ist, wenn wir ein besonders intensives, uns sehr berührendes Naturerlebnis haben.

»… Die Elemente hassen das Gebild der Menschenhand.«

Aus »Das Lied von der Glocke« von Friedrich Schiller (1759 – 1805)

Den Elementargeistern begegnen wir nicht auf der persönlichen Ebene. Nur ganz besonders sensitiven Menschen ist es möglich, sie als Einzelwesen in einer bestimmten Gestalt zu sehen. Die Vielfalt der Formen jedoch, die diese elementaren Wesen annehmen, ist groß. Es gibt gewaltige Elementargeister, die jedes Verstehen übersteigen, wie der Elementar einer Sonne, eines Berges, eines Meeres oder eines Hurrikans. Dann wiederum gibt es auch

Elementare, die unglaublich winzig sind: In jedem Tautropfen, jedem Sandkorn, jedem kleinen Lufthauch und jedem kleinen Funken wirkt ein Elementarwesen.

Wer das begreift, wird nie mehr mit den gleichen Augen in die Welt blicken. Alles, wirklich alles ist belebt. Elementarwesen wirken selbst in von Menschen geschaffenen Dingen: in Maschinen, Chemikalien oder Kunststoffen. Allerdings wirken sie dort nicht positiv. Je weiter ein menschengeschaffenes Gebilde von seinem naturhaften Zustand entfernt ist, desto zerstörerischer wirken die Elementare. Ohne Bosheit versuchen sie lediglich, das ihnen Naturgemäße wiederherzustellen. Stellen Sie sich vor, Sie müssten auf einem Bein mit gebeugtem Rücken stehen. Sicherlich hätten Sie dann das natürliche Bedürfnis, eine Ihrem Körper gemäßere Haltung einzunehmen – und so ähnlich ist das bei den Elementargeistern, wenn sie vom Menschen in unnatürliche Formen gezwungen werden.

Heilende Elemente

Die Elementargeister wirken in und durch die Natur, schützen sie und versuchen in der Natur Gleichgewicht und Harmonie zu bewahren. Auch wir Menschen sind Teil der Natur. Wenn wir uns den Elementaren nähern und uns ihnen öffnen, können sie auch uns helfen – uns heilen und ganz werden lassen. Das beste Mittel, um uns den Elementargeistern zu nähern, ist die Meditation.

Führen wir Elementargeist-Meditationen durch, dann werden wir uns immer mehr unseres natürlichen Ursprungs bewusst werden. Wir kommen unserer wahren Bestimmung im Leben näher, können unser Potenzial weiter ausschöpfen und eine größere Einsicht in Zusammenhänge gewinnen. Doch die Verbindung mit den Elementaren der Erde, des Wassers, der Luft und des Feuers bewirkt in uns noch viel mehr. Die Hauptaufgabe der Elementare ist eine Schutzfunktion. Diesen Schutz lassen sie auch uns angedeihen, wenn wir uns ihnen in der Meditation nähern. Elementargeister können unsere Entwicklung unterstützen und vorhandene Disharmonien ausgleichen – sie können uns wahrhaft heilen.

Die Elementargeist-Meditationen, die ich Ihnen im Folgenden vorstelle, sind leicht durchzuführen. Einige Punkte sollten Sie dabei berücksichtigen:

- Der richtige Ort – Sie nähern sich dem Elementarwesen, indem Sie eine diesem Wesen gemäße Umgebung aufsuchen.

»Welche Form auch das menschliche Leben annehme, es sind immer dieselben Elemente …«

Arthur Schopenhauer
(1788 – 1860)

- Offenheit – Sie lassen Ruhe in Ihren Geist einkehren und öffnen Ihr Bewusstsein und Ihr Herz für die Elementare.
- Konzentration – Sie werden sich der heilenden, reinigenden, klärenden und erneuernden Qualitäten der Elementargeister bewusst.
- Wünsche formulieren – Sie bitten die Elementargeister in Gedanken, positive Veränderungen vorzunehmen und Harmonie herbeizuführen.

Achten Sie dann darauf, ob Sie während des Meditierens Botschaften empfangen, die sich bei Elementargeistern wirklich in subtilen Sinneswahrnehmungen und körperlicher oder emotionalen Zustandsveränderungen ausdrücken.

Achten Sie auch darauf, was Sie mit Ihren Sinnen wahrnehmen und was in Ihnen vorgeht: Geht vielleicht ein besonderer Duft von der Erde aus? Sehen Sie ein Glitzern oder ein Flimmern auf der Wasseroberfläche? Hören Sie, was das Rauschen des Windes Ihnen sagen will? Erkennen Sie Gestalten oder Gesichter in den Flammen eines Feuers? Fühlen Sie sich plötzlich leichter, fröhlicher und freier? Spüren Sie ein Kribbeln oder eine Wärme, die Sie berührt? Achten Sie auch darauf, wie sich Ihre Gefühle verändern.

Wenn Sie die Meditation beenden, danken Sie den Elementaren für die neuen Einsichten, die Sie gewonnen haben. Wenden Sie sich dann langsam wieder der Außenwelt zu, und versuchen Sie, Ihre Erfahrungen, die Sie während der Meditation gemacht haben, in den Alltag mitzunehmen.

Elementarwesen kann man überall entdecken – selbst im kleinsten Tropfen.

Heilung – Kräfte der Erde

Die Träger der Erdkraft sind die Erdelementare. Sie verbinden uns mit der ursprünglichen Kraft der Erde. Das Element Erde repräsentiert für uns Qualitäten wie das Aufgehen des Männlichen im Weiblichen, Festigkeit, Geborgenheit, Stabilität, Vertrauen und Körperlichkeit. Der Mensch wurzelt im spirituellen Sinne in der Erde – und in der Erde liegt schließlich auch die Wurzel, der Ursprung des leiblichen Seins in der materiellen Welt. Unabhängig von Epochen und Kulturen wurde und wird überall auf der Welt die Erde mit der Kraft des Weiblichen in Verbindung gebracht: »Mutter Erde« ist das lebenserhaltende und nährende Prinzip.

»Dem dunklen Schoß der heil'gen Erde
vertrauen wir der Hände Tat,
vertraut dem Sämann seine Saat
und hofft, dass sie entkeimen werde
zum Segen nach des Himmels Rat.
Noch köstlicheren Samen bergen
wir trauernd in der Erde Schoß
und hoffen, dass er aus den Särgen
erblühen soll zu schönrem Los.«

Aus »Das Lied von der Glocke«
von Friedrich Schiller (1759 – 1805)

Aus dem Schoß der Erde wird alles Leben geboren, und in ihren Schoß kehrt alles Leben zurück, wenn seine Zeit abgelaufen ist: Die Mutter nimmt das Leben wieder in sich auf. Das Ritual der Beerdigung macht dies deutlich. Doch der schaffende, erzeugende Aspekt der Erde weist darauf hin, dass im Weiblichen auch das Männliche wirkt. Im Erdelement verbinden sich männliche und weibliche Energien in einer Harmonie, bei der jedoch die weibliche, empfangende und nährende Energie bestimmend ist.

Entwickeln kann sich nur, was auf fruchtbaren Boden fällt. Die Nahrung des Menschen sind die Früchte der Erde; ohne das Erdelement bleibt Leben substanzlos. Seit jeher ehren Menschen daher die Erde und ihre Energien durch Feste. Auch heute noch zeugt beispielsweise das Erntedankfest von der magisch-persönlichen Beziehung des Menschen zu seiner Mutter Erde und von dem Wissen, dass die Gaben der Erde uns nähren und am Leben erhalten.

Die Verbindung mit dem Erdelement verheißt gewaltige Lebensenergien. Lebenskraft, Macht, Fruchtbarkeit und Stärke sind die wichtigsten Aspekte, die uns die Elementargeister des Erdelementes vermitteln.

Erdelementare

Erdelementare beleben die feste Materie. Über jedes Stückchen Erde, jeden Kieselstein und über jedes Sandkorn wacht ein Erdelementar. Die meisten sind zu winzig, um sich dem menschlichen Bewusstsein zu offenbaren. Über diesen kleinsten Elementarwesen gibt es größere: die Elementare, die einem Felsen innewohnen, einem Tal oder einem Berg. Diese Elementargeister kann jeder Mensch, der sich nicht seinen subtileren Wahrnehmungen verschließt, erkennen – ja, er kann sich ihres positiven Einflusses gar nicht entziehen, wenn er sich auf die Kraft, die z.B. von einer Landschaft, einem Felsen, einem Berg ausgeht, einlässt. Das gewaltigste Elementarwesen des Erdelements aber ist unser Planet selbst. Die alten Griechen betrachteten diesen Elementargeist als Göttin und nannten sie Gaia.

Wie sehr das alte Wissen um die Naturgeister heute wieder aktuell wird, zeigt sich darin, dass auch Wissenschaftler die Erde für einen lebendigen Organismus halten. Renommierte Forscher wie James Lovelock und Lynn Margulis stellten in den siebziger Jahren des 20. Jahrhunderts die so genannte Gaia-Hypothese auf, nach der die Erde ein sich ständig entwickelndes, selbst regulierendes Ökosystem ist, das sich wie ein intelligenter Organismus verhält und um Gleichgewicht bemüht ist.

Heilsteine und ihre Wirkung

Heilsteine	bei	und
Amethyst	Nervosität	Hautproblemen
Aquamarin	Verwirrung	Augenproblemen
Bergkristall	Entscheidungsschwierigkeiten	Herzproblemen, Fieber
Chalzedon	Ängsten	Halsentzündung
Diamant	Geisteskrankheiten	Immunschwäche
Rubin	Impotenz/Frigidität	Durchblutungsstörungen
Saphir	Albträumen	Rheuma, Gicht
Smaragd	Unruhe	Multiple Sklerose
Topas	Allergien	Stoffwechselstörungen
Turmalin	Gedächtnisproblemen	Verdauungsproblemen

Wirken und Aufgaben der Erdelementare

Die Elementare der Erde schützen die Unversehrtheit des Planeten. Da der Mensch ihnen ständig entgegenarbeitet, scheinen die großen Erdelementare häufig zerstörerische Kräfte auszulösen: Sie bewirken Erdbeben, Vulkanausbrüche, Erdrutsche oder den Einsturz von Bergwerksstollen. Natürlich beabsichtigen die Elementargeister damit nicht, Schaden anzurichten. Ganz im Gegenteil: Sie versuchen, entstandene Schäden wieder auszugleichen. Die langen Zeiträume, in denen die größten Erdelementare wirken, sind für uns Menschen oft gar nicht vorstellbar. Erdelementare verschieben in gewaltigen zeitlichen Dimensionen ganze Kontinente, sie heben Berge empor, lassen Landschaften entstehen und wieder vergehen.

Die Erdelementare können jedoch auch für den einzelnen Menschen in durchaus positiver Weise von Bedeutung sein.

Die Schamanen der nordamerikanischen Ureinwohner pflegten zum Beispiel einen innigen Umgang mit der Natur und den Naturgeistern. So wussten sie auch um die Heilkraft und die Energien der Erde. Kranke und Geschwächte, geistig Verwirrte und Besessene behandelten sie, indem sie sie auf die Erde legten. Der Bauchnabel des Kranken musste dabei den Erdboden berühren, damit die Erde negative Energien aufnehmen und positive Energien in den Körper des Patienten leiten konnte.

Auch in Europa gab es bis in das Mittelalter hinein den Brauch, Kranke direkt auf die Erde zu legen, um ihre Heilung zu beschleunigen.

Auf demselben Prinzip beruht ein anderer Brauch, der sich in ganz unterschiedlichen Kulturen rund um die Welt findet. Manche nordamerikanischen Indianerstämme, die afrikanischen Bantu und die keltischen Druiden vergruben Arzneimittel, bevor sie den Kranken verabreicht wurden. Dahinter stand der Gedanke, dass eine Medizin, die für einige Zeit in der Erde vergraben wurde, besonders heilkräftig sein müsse, weil die Elementarkräfte der Erde die heilsamen Energien der Arznei weiter verstärken.

Heilung durch die Kraft der Steine

Eine alte, heute wieder populär gewordene Methode der Heilkunst nutzt ebenfalls die Kräfte der Elementargeister des Erdelements: die Edelsteinheilkunde. Die Elementare der Kristalle und Edelsteine scheinen eine besondere Nähe zum Menschen zu haben. Sie nehmen auf der unterbewussten Ebene Kontakt zu uns auf und sind in der Lage, heilende Energien zu übermitteln. In der Tabelle oben finden Sie die wichtigsten Heilsteine und bei welchen Problemen sie helfen.

Reinigung – Kräfte des Wassers

Wasser steht für die weibliche Energie, das erzeugende und das nährende Prinzip. Das Wasserelement repräsentiert Fähigkeiten wie Flexibilität, Nachgiebigkeit, Lebendigkeit, Emotionalität und Intuition oder »im Fluss sein«. Darüber hinaus verkörpert Wasser auch Kräfte wie Reinigung und Wandlung. Die Wasserelementare sind die Träger der Energien des Wassers und verbinden uns mit den Kräften des Wasserelements.

»Des Menschen Seele gleicht
dem Wasser:
Vom Himmel kommt es,
zum Himmel steigt es,
und wieder nieder zur Erde
muss es, ewig wechselnd.«

Johann Wolfgang von Goethe
(1749 – 1832)
aus »Gesang der Geister
über den Wassern«

Ohne Wasser gibt es kein Leben. Die weibliche Energie des Wasserelements nährt und lässt wachsen, ermöglicht Veränderung und Reife. Im menschlichen Leben ist das vor allem auf der emotionalen Ebene von großer Bedeutung. Hier entfaltet das Wasserelement seine Energie besonders deutlich. Die Sprache hat einige der Aspekte des Wassers in Redewendungen bewahrt. Wir sagen jemand habe »nahe am Wasser gebaut«, wenn sich seine Gefühle schnell in Tränen zeigen. Jemanden hingegen, der introvertiert ist und nur schwer seine wahren Emotionen zeigen kann, vergleichen wir mit »stillen Wassern, die tief sind«.

Auf die lebenswichtige Bedeutung des Wassers weist auch die Redewendung »jemandem das Wasser abgraben« hin – jemand, dem das Wasser abgegraben wird und der damit vom Quell des Lebens, seiner Vitalität, der Entwicklung und Lebendigkeit abgeschnitten ist, kann in der Gesellschaft nicht mehr weiterkommen – sein Tun wird wertlos. Ein weiterer wichtiger Aspekt des Wasserelements ist die Reinigung. Sie ist niemals nur körperlich, sondern immer auch seelisch gemeint. Das Wasser, mit dem man sich wäscht, symbolisiert Reinheit und Unschuld. »Seine Hände in Unschuld waschen« möchte jemand, der weiß, dass er schuldig werden könnte, aber sich von der Schuld lossprechen will – wie z. B. Pilatus, der bekanntlich nach der Verurteilung Jesu seine »Hände in Unschuld wusch«.

»Das Wasser nimmt nicht mehr
Platz ein, als es wirklich bedarf.
So gleicht es der Mäßigung.«

Konfuzius
(chinesischer Philosoph,
551 – 479 v. Chr.)

Wasserelementare

Die Elementare des Wasserelements sind die Seelen aller Gewässer – vom kleinsten Regentropfen bis zum Ozean. Die kleinsten Wasserelementare berühren das menschliche Bewusstsein stets nur dann, wenn sie in großer Zahl auftreten wie beispielsweise bei einem Regen.

»Alles ist aus dem Wasser entsprungen! Alles wird durch das Wasser erhalten! Ozean, gönn uns dein ewiges Walten!«

Johann Wolfgang von Goethe
(1749 – 1832)
aus »Faust 2, II,
Felsbuchten des Ägäischen Meers«

Anders verhält es sich mit den Elementaren der Seen, Flüsse und Bäche: Die Energie, die von ihnen ausgeht, zeigt sich der menschlichen Seele in besonders positiver Weise. Es gibt wohl kaum jemanden, der beim Anblick eines sprudelnden Bergbaches nicht Lebensfreude in sich spürt oder angesichts eines Sees nicht verstärkt innere Harmonie und Ruhe fühlt.
Das größte Elementarwesen des Wasserelements aber ist der Ozean, der zwei Drittel unseres Planeten bedeckt. Jeder Mensch kann die Kraft spüren, die von diesem gewaltigen Elementarwesen ausgeht. Warum fahren wohl so viele Menschen im Urlaub ans Meer? Weil sie intuitiv spüren, wie gut es tut, vom Elementar des Ozeans mit ursprünglicher Lebensenergie aufgeladen zu werden!
Die alten Griechen verehrten diesen Elementargeist als den Gott Okeanos. Er war der älteste Sohn von Gaia, der Erdgöttin der Antike.

Wirken und Aufgaben der Wasserelementare

Die Verbindung mit dem Wasserelement kann dem Menschen Kräfte verleihen, die ein großes Potenzial zur Veränderung in sich tragen: Lebensfreude, Lebendigkeit, Flexibilität und

Die erfrischende Fontäne eines Springbrunnens belebt und setzt Energien frei.

Intuition sind jene Energien, die uns die Elementargeister des Wasserelements vermitteln.
Seit jeher ist den Menschen die von den Elementargeistern des Wassers vermittelte Heilkraft bekannt. Dabei ging es aber nicht nur um die körperliche, sondern vor allem um die seelische Gesundheit. So finden wir in beinahe allen Kulturen und Zeiten den Glauben daran, dass das Wasser die Seele von »Unreinheiten«, von Sünden und Verfehlungen, reinigen kann.

Die religiöse Bedeutung des Wassers

In allen Religionen spielt das Element Wasser eine entscheidende Rolle:

- Im Euphrat in Babylonien und im Nil in Ägypten wurden schon vor Urzeiten rituelle Waschungen durchgeführt.
- In den altgriechischen Mysterienkulten waren rituelle Bäder Teil der spirituellen Reinigung
- Im Christentum gibt es die Taufe mit Wasser. Jesus selbst wurde, als er zu predigen begann, zuvor von Johannes dem Täufer im Fluss Jordan getauft. In der christlichen Kirche wird bis heute Weihwasser verwendet.
- Im Judentum gibt und gab es nicht nur den Brauch der Taufe, sondern auch zahlreiche rituelle Waschungen – jeder, der zum Judentum übertrat, musste als Zeichen dafür, dass er dem Bund beitrat, in Wasser untertauchen. Vor dem Gottesdienst besprengten die Gläubigen Gesicht und Hände mit Wasser, um sich von Unreinheit zu befreien.
- Bei den indischen Sikhs werden diejenigen, die der Religionsgemeinschaft beitreten wollen, aufgenommen, indem sie gesüßtes Wasser trinken, das mit einem besonderen Dolch umgerührt wurde. Nach dem Ritual gelten sie als rein und mit neuer Kraft versehen und erhalten den Namen Singh (Löwe).
- Im Islam muss der Gläubige vor dem fünfmal täglich zu verrichtenden Ritualgebet (salat) eine rituelle Waschung (wudu) vornehmen, bevor er seinen Gebetsteppich in Richtung Mekka ausrichtet.
- Im Hinduismus spielt die Waschung im heiligen Fluss Ganges eine wichtige Rolle. Die Waschung im Flusswasser gilt als innerlich reinigend und Hunderttausende von Pilgern ziehen jährlich zum Ganges. In den Städten entlang des Ganges werden viele bedeutende religiöse Zeremonien abgehalten.

Klarheit – Kräfte der Luft

Das Luftelement steht für Freiheit, Weite, Unendlichkeit und Erneuerung. Es verkörpert die Ebene der Gedanken- und Ideenwelt und Kräfte wie Inspiration, Leichtigkeit oder Lebensenergie. Die Energie des Elements Luft ist die des Weiblichen im Männlichen. Durch die Luftelementare können wir mit den Energien des Luftelements in Verbindung treten.

---

*»Seele des Menschen,
wie gleichst du dem Wasser!
Schicksal des Menschen,
wie gleichst du dem Wind!«*

Johann Wolfgang von Goethe
(1749 – 1832)

Auch das Luftelement ist lebensnotwendig. Im physischen Bereich wird das unmittelbar deutlich, denn nur wenige Minuten können wir ohne Luft überleben.
Im seelischen Bereich ist das Luftelement bzw. die Energie der Luftelementare allerdings ebenso wichtig. Denn ohne das Luftelement können wir weder etwas geben noch etwas nehmen – die Luftelementare ermöglichen uns sowohl das Aufnehmen neuer Ideen, das Lernen und die Inspiration als auch das Geben, das Mitteilen und die Kommunikation untereinander. Ohne diese Energien wären wir keine Menschen mehr.

Im Luftelement wirken sowohl weibliche als auch männliche Energien. Während im Erdelement das Weibliche bestimmend ist, ist im Element Luft das männliche Prinzip vorherrschend.
In der Sprache ist das Wissen um einige Aspekte des Luftelements noch lebendig. Wenn jemand keine Energie mehr hat, sagt man, dass ihm »die Luft ausgeht«. Der Zusammenhang mit dem Geistigen und Emotionalen zeigt sich, wenn man davon spricht, dass irgendwo »dicke Luft« herrscht. Das ist dann der Fall, wenn die Stimmung getrübt ist. Ebenso spricht man davon, dass eine Idee »in der Luft liegt«, wenn sie gleichzeitig von mehreren Menschen unabhängig voneinander entwickelt wurde.
Dort wo ein »frischer Wind weht«, klären sich die Gedanken, und neue Ideen können sich ausbreiten. Auch das Wort Inspiration hängt sprachlich mit der Luft zusammen. Ist jemand inspiriert (lat. inspirare = einhauchen), bedeutet das, dass ihm Ideen »eingehaucht« werden.
Von »außer Atem sein« sprechen wir, wenn uns die Luft auszugehen droht. Das Wort Atem bedeutet ursprünglich nicht nur die eingeatmete Luft, sondern auch Seele. Im Sanskrit bedeutet »Atman« sowohl Seele als auch Atem. Und durch seinen Odem (Atem) haucht Gott dem ersten Menschen in der biblischen Schöpfungsgeschichte das Leben ein.

Luftelementare

Die Elementare der Luft sind allgegenwärtig. In jedem Lufthauch offenbart sich ein Luftelementar. Die kleinsten wie auch die größten Luftelementare wirken auf das menschliche Bewusstsein: Mit jedem Atemzug beleben uns die Elementare der Luft. Die großen Luftelementare, die die Seele der Stürme, Orkane, Tornados und Hurrikans bilden, wirken auf den Menschen, wenn er ihnen direkt begegnet, meist sehr beängstigend.

»Nur wer verzagend das Steuer loslässt, ist im Sturm verloren.«

Emanuel Geibel (1815 – 1884) aus »Sophonisbe II, 6«

Doch Menschen, die die Freiheit besonders lieben, werden immer fasziniert sein von einem großen Luftelementar und seine Kraft spüren.

Wirken und Aufgaben der Luftelementare

Die Elementare der Luft sorgen dafür, dass – trotz aller Anstrengungen der Menschen, unsere Atmosphäre zu vergiften – die Luft ein Leben spendendes Element bleibt. Ohne dies zu beabsichtigen, wirken die großen Luftelementare dabei zerstörerisch auf die »Gebilde von Menschenhand«. Die destruktive Kraft geht jedoch in Wahrheit vom Menschen selbst aus. Mittlerweile ist klar, dass die Schäden, die der Mensch der Atmosphäre zufügt, mit dafür verantwortlich sind, dass Hurrikans und Stürme immer häufiger und vernichtender wirken. Ohne die Elementare der Luft wäre jedoch kein Leben denkbar.

Alle Lebewesen bedürfen der Luft, um zu leben. Denn die Energie, die uns die Luftelementare über den Atem verleihen, ist lebenswichtig.

Je reiner die Luft ist, desto heilsamer und kraftvoller wirken die Elementarwesen der Luft.

Bei vielen Krankheiten tut eine Luftveränderung gut. Es gibt sogar ausgewiesene Luftkurorte – dort wo die Luft gesund ist und die Luftelementare ihre Kraft voll entfalten können, werden Kranke schneller gesund, und Gesunde fühlen sich neu belebt.

Die Chinesen bezeichnen die Luft als Qi – und damit meinen sie insbesondere den spirituellen Aspekt der Luft und die Lebensenergie. Sie entwickelten zahlreiche Methoden, das Qi, die Lebensenergie, im Körper aufzunehmen, zu verteilen und zu speichern. Diese Methoden sind sehr wirksam und verleihen den Meistern dieser Techniken nahezu übermenschliche Kräfte, wie die berühmten Shaolin-Mönche demonstrieren. Die Übungen der Chinesen sind als Qi Gong inzwischen auch bei uns sehr bekannt und beliebt. Qi Gong bedeutet »Energiearbeit«. Diese Gesundheitsübungen, die buddhistische und taoistische Elemente enthalten, spielen eine wichtige Rolle in der chinesischen Medizin.

Nichts behindert den Geist in der Weite des Himmels. Dort ist er zu Hause, dort kann er sich frei entfalten.

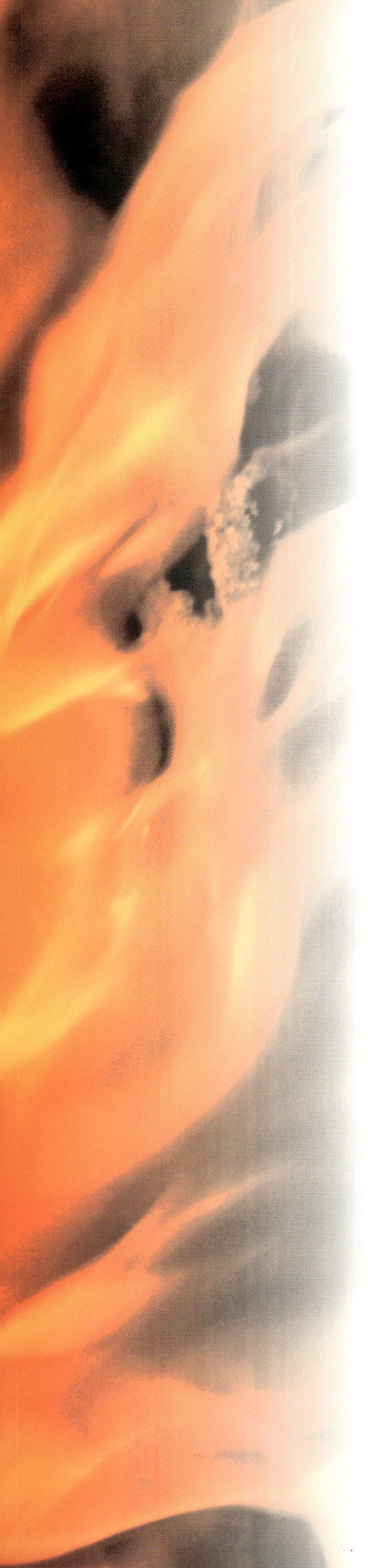

Erneuerung – Kräfte des Feuers

Das Feuerelement und die Feuerelementare sind Träger männlicher Energie. Eigenschaften dieses Elements sind Wärme, Licht, Leidenschaft, männliche Sexualität, starke Gefühle, Vitalität und Transformation. Wenn wir Kontakt zu den Feuerelementaren aufnehmen, können wir diese Eigenschaften kultivieren.

---

*»Was die Arzneien
nicht heilen, heilt das Messer.
Was das Messer nicht heilt,
heilt das Feuer.«*

Hippokrates (griechischer Arzt,
460 – 375 v. Chr.)

Die Bedeutung des Feuerelements für das physische und seelische Sein wird nicht so leicht erkannt wie die Bedeutung der anderen Elemente. Die enorme Energie, die die Elementare des Feuers vermitteln, werden vor allem als zerstörerisch wahrgenommen. Doch Feuer ist ebenso lebenswichtig wie die anderen Elemente: Schon auf der rein physischen Ebene ist die Energiegewinnung in unseren Zellen eigentlich nichts anderes als Verbrennung! Auch die Sexualität ist eng mit dem Element Feuer assoziiert. Was wären wir für Menschen, wenn uns niemals im Leben das Feuer der Leidenschaft oder der Begeisterung überkäme?
In der Sprache zeigen sich ebenso einige Eigenschaften des feurigen Elements. Schlägt etwas »wie ein Blitz« ein, bedeutet das, dass etwas plötzlich starke positive Energien auslöst. In dieselbe Richtung geht die Redewendung von einer »zündenden Idee«, wenn nämlich ein Gedanke spontan große Veränderungen bewirkt. Viele Sinnsprüche, die sich auf das Feuerelement beziehen, hängen mit sexueller Energie zusammen: Jemand, der »leicht Feuer fängt« oder »schnell entflammt« ist, verfügt über die Gabe der Begeisterung und ist schnell »Feuer und Flamme« für etwas. Wenn gar »das Herz in Flammen steht«, hat die Liebe die Herrschaft übernommen, und der Betroffene kann nur noch an »seine neue Flamme« denken.

Feuerelementare

In den Elementaren des Feuers offenbart sich die Energienatur am deutlichsten. In jedem Funken leuchtet ein Elementar auf, in jeder Flamme, im Blitz und in der gewaltigen Entladung eines Vulkans.
Die Entwicklung des Menschen ist eng mit dem Feuer verbunden. Bereits als er das Feuer noch nicht gezähmt hatte, war er vom Feuer fasziniert. Auch die Kraft und die Wärme, die vom Feuer ausgehen, die Energie, die die Elementare des Feuers liefern, haben die Entwicklung des Menschen – im Guten wie im Schlechten – in ganz entscheidender Weise beeinflusst.
Kaum eine Entwicklung der mensch-

lichen Kultur ist ohne das Feuer denkbar. In vielen Kulturen waren das Feuer bzw. die Sonne das Symbol für die höchsten Mächte. Die Anbetung des Feuers ist eine der ältesten Formen der Religiosität. In der griechischen Mythologie war es Prometheus, der das Feuer an den Strahlen des Sonnengottes Phöbus entzündete. Die Mythen der Südseeinsulaner berichten von dem Helden Maui, der die Kunst des Feuer-

---

»Das Feuer verwandelt den Weisen und erleuchtet ihn, und doch verbrennt es den Narren, der es fassen will.«

Lao Lü (chinesicher Gelehrter, 2. Jahrhundert v. Chr.)

---

machens in der Unterwelt lernte. Die Azteken kannten den Feuergott Xiuhtecutli, und auch die Inka hatten einen Kult, der einen Feuergott verehrte. Völker des Nahen Ostens beteten den Feuergott Moloch an. In den religiösen Riten der frühen indoeuropäischen Völker spielte die Feuerverehrung ebenfalls eine wichtige Rolle. So sangen die frühen Hinduisten dem Feuergott Agni Hymnen.

Wirken und Aufgaben der Feuerelementare

Kein Element wurde so verehrt wie das Feuer – aber so wie es verehrt wurde, wurde es auch gefürchtet. Die Feuerelementare scheinen nur allzu oft zerstörerisch zu wirken und Leben zu bedrohen: Schon am kleinsten Feuer kann man sich verbrennen, Feuersbrünste vernichten ganze Wälder, Vulkanausbrüche können ganze Städte auslöschen.
Das Wesen der Feuerelementare ist je-

An manchen Tagen erinnert uns die Sonne daran, dass sie ein Feuer speiender Himmelskörper ist.

doch keineswegs zerstörerisch, sondern erneuernd. Die alten Ägypter hatten dafür ein wunderbares Symbol, nämlich den Vogel Phoenix, der alle hundert Jahre im Feuer verbrennt, um dann daraus erneuert und verjüngt wieder zu erstehen.
Aber auch außerhalb der Sagenwelt zeigt sich, dass Feuer nur auf den ersten Blick zerstört, in Wirklichkeit aber ein Element der Transformation ist. Die physiologische Lebensenergie beruht auf nichts anderem als auf Verbrennung; durch die Verbrennung, also durch die Verbindung mit Sauerstoff, entsteht die Energie, die alle Lebewesen für ihre Lebensprozesse benötigen. Die großen Waldbrände scheinen ebenfalls nur auf den ersten Blick die Wälder zu vernichten – in Wahrheit jedoch sind Brände notwendig für den Fortbestand der Wälder: Bestimmte Baumarten benötigen das Feuer, um sich fortpflanzen zu können, da ihre Samenkapseln nur unter großer Hitzeeinwirkung aufspringen.
Wir sehen also, dass die Feuerelementare Leben spendende Energien vermitteln. Für die menschliche Gesundheit zeigt sich das in vielerlei Art und Weise: Das Fieber ist ein »inneres Feuer«, das dazu dient, Krankheiten zu überwinden. In der Medizin kennt man Wärmebehandlungen, die sogar gegen Krebserkrankungen eingesetzt werden. Und auch die Naturheilkunde weiß um die positive Wirkung des Feuers. Insbesondere die Chinesen setzen Feuer ein, um Blockaden im Körper zu lösen und die Lebensenergie anzuregen, indem sie glimmendes Moxakraut auf bestimmte Akupunkturpunkte des Körpers legen. Insbesondere Schamanen aller Völker sind sich der Macht der Feuerelementare bewusst und nutzen das Feuer, um in Trance zu geraten, die Zukunft zu schauen und zu heilen.

ERDE

Meditation über das Erdelementar

Die Elementare der Erde verbinden uns mit der Kraft der Erde und der Materie im Allgemeinen. Sie können unsere weiblichen und männlichen Energien stärken und Qualitäten wie Geborgenheit, Stabilität, Festigkeit und Vertrauen in uns verbessern.

Die heilenden Kräfte der Erde

Eine Meditation über das Erdelementar hilft Ihnen besonders dann, wenn Sie

- fürchten, den Boden unter den Füßen zu verlieren.
- Schwierigkeiten damit haben, Ihren Standpunkt zu verteidigen bzw. zu vertreten.
- von sich glauben, zu weich und zu nachgiebig zu sein.
- spüren, dass es Ihnen an Vertrauen fehlt.
- sich in der Welt, in der Sie leben, nicht geborgen fühlen.
- leicht aus der Ruhe geraten und zu ungeduldig oder emotional reagieren.
- Probleme mit Zähnen, Knochen, Gelenken und dem Bindegewebe haben.
- das Gefühl für Ihren Körper verbessern wollen.

In Kontakt treten mit den Elementaren der Erde

Wenn Sie Meditationen über das Erdelementar durchführen wollen, sollten Sie direkt auf der Erde sitzen oder auf einem festen, steinigen oder erdigen Untergrund stehen.
Sehr wichtig dabei ist, dass Sie bei der Meditation unmittelbaren Kontakt mit der Erde aufnehmen, indem Sie entweder barfuß auf dem Boden stehen, die Hände auf den Boden drücken oder sich flach auf die Erde legen.

Lassen Sie Ruhe in Ihren Geist einkehren, und richten Sie Ihre Aufmerksamkeit ganz auf die Erde, die Sie trägt.

Schließen Sie die Augen, und bitten Sie die Erdelementare mit Ihren Gedanken und Ihrem Herzen, Ihnen Kraft, Stabilität und Vertrauen zu geben.

Richten Sie Ihre Sinne ganz auf die Erde: Spüren Sie die Erde unter sich, hören Sie in die Erde hinein, riechen Sie den Duft des Bodens, und versuchen Sie, sich den Geschmack der Erde vorzustellen.

Stellen Sie sich dabei einen Strahl dunkelgrünen Lichtes vor, der konzentriert aus der Erde fließt und mit jedem Einatmen in Ihren Körper strömt und Ihnen neue Kraft gibt.

Mit jedem Ausatmen stellen Sie sich vor, wie die Energie mit dem Lichtstrahl wieder in die Erde zurückfließt. Dabei fließen auch alle negativen Energien, die in Ihnen waren, in die Erde hinein und werden dort durch die Elementare der Erde neutralisiert.

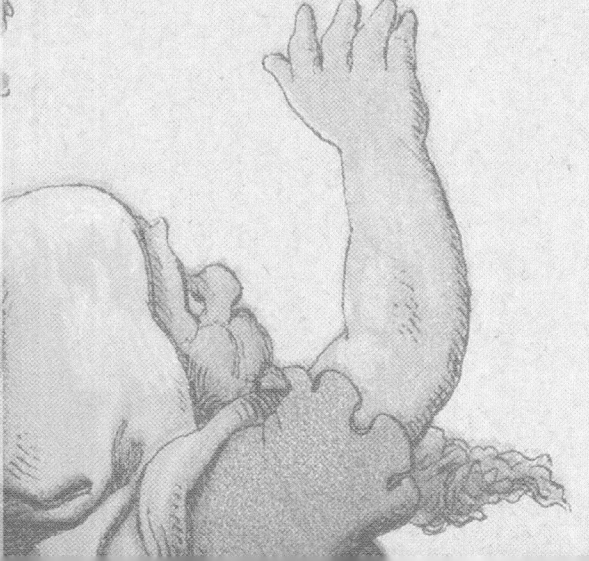

WASSER

Lassen Sie Ihren Geist ruhig werden, und richten Sie Ihre Aufmerksamkeit ganz auf das Wasser, die Wellen und das Fließen.

Richten Sie alle Ihre Sinne auf das Wasser.

Schließen Sie dann Ihre Augen, und bitten Sie die Wasserelementare mit Ihren Gedanken und Ihrem Herzen, Ihnen mehr Flexibilität und Kraft zu schenken und Sie mit Ihrer Intuition und Ihren Gefühlen stärker zu verbinden.

Stellen Sie sich einen Strahl dunkelblauen Lichtes vor, der vom Wasser ausgeht und mit jedem Einatmen in Ihren Körper strömt, ihn durchfließt, Sie flexibler macht und Sie innerlich reinigt.

Mit jedem Ausatmen stellen Sie sich vor, wie die Energie wieder zum Wasser zurückkehrt und dabei alle negativen Energien, die in Ihnen waren, mit sich nimmt, die dann durch die Elementare des Wassers neutralisiert werden.

Meditation über das Wasserelementar

Die Elementare des Wassers können uns Flexibilität, Nachgiebigkeit und Lebendigkeit verleihen, uns mit unseren Gefühlen verbinden sowie reinigend und klärend wirken. Vor allem aber können sie unsere weiblichen Energien ins Gleichgewicht bringen, unsere Sensitivität und Intuition erhöhen.

Die reinigende Kräfte des Wassers

Wasserelementar-Meditationen helfen Ihnen besonders dann, wenn Sie

- nicht »im Flusse« sind und in einem Problem feststecken.
- Ihre emotionale Ausdruckskraft verbessern wollen.
- Ihren Gefühlen näher kommen möchten.
- Körper, Seele und Geist von Blockaden befreien wollen.
- Ihre Intuition und Sensitivität erhöhen möchten.
- spüren, dass Sie flexibler mit Menschen und Situationen umgehen sollten.
- Probleme mit Ihrem Kreislauf oder Blutdruck haben.
- wieder die Jugend und Abenteuerlust in sich entdecken wollen.

In Kontakt treten mit den Elementaren des Wassers

Wenn Sie die Wasserelementar-Meditation durchführen wollen, suchen Sie am besten einen stillen Bergsee, einen sauberen, sprudelnden Bach, einen einsamen Meeresstrand, eine verborgene Quelle oder einen Teich im Wald auf. Sie sollten möglichst direkten Kontakt zum Wasser aufnehmen. Tauchen Sie mit Füßen, Händen, am besten mit dem ganzen Körper ins Wasser ein.

LUFT

Meditation über das Luftelementar

Die Elementargeister der Luft verbinden uns mit der Kraft der Freiheit. Sie helfen uns dabei, die Dinge geistig zu durchdringen, machen unseren Geist weiter und geben unserem Leben Leichtigkeit. Mit Hilfe der Luftelementare fällt es uns leichter, neue Ideen zu entwickeln und die Kraft der Inspiration zu erfahren.

Die klärenden Kräfte der Luft

Meditationen über das Luftelementar helfen Ihnen besonders dann, wenn Sie

- sich durch äußere oder innere Umstände eingeengt fühlen.
- das Bedürfnis haben, sich freier und leichter zu fühlen.
- alles zu ernst nehmen und mehr Humor gebrauchen könnten.
- Mangel an Inspiration haben.
- Ihre Lebensenergie kontinuierlich erhöhen möchten.
- Ihr Bewusstsein erweitern wollen.
- Schwierigkeiten mit Geben und Nehmen haben.
- das Rauchen aufgeben wollen.
- oft erkältet oder verschnupft sind.
- an Asthma oder Lungenerkrankungen leiden.

In Kontakt treten mit den Elementaren der Luft

Wollen Sie eine Meditation über das Luftelementar durchführen, dann ist es sinnvoll, einen Ort aufzusuchen, an dem die Luft noch rein und energiegeladen ist. Insbesondere in den Bergen und am Meer sind die Voraussetzungen gut. Auch im Wald ist die Luft sehr rein. Um die Elementare der Luft deutlicher spüren zu können, ist es wichtig, dass die Luft in Bewegung ist.

Lassen Sie Ruhe in Ihren Geist einkehren, und richten Sie Ihre Aufmerksamkeit ganz auf die Luft, die Sie umgibt und die Sie atmen.

Spüren Sie die Luft und den Wind auf Ihrer Haut und in Ihrer Lunge. Schließen Sie Ihre Augen, und bitten Sie die Elementare der Luft mit Ihren Gedanken und Ihrem Herzen, Ihnen Freiheit und Inspiration zu schenken.

Stellen Sie sich dabei ein hellblaues Licht vor, das Sie einhüllt und mit jedem Einatmen tief in Ihren Körper strömt.

Spüren Sie, wie Sie von Klarheit erfüllt werden. Mit jedem Ausatmen geben Sie die Energie wieder an die Luft zurück, wobei alle negativen Energien, die in Ihnen waren und aus Ihnen hinausströmen, durch die Elementare der Luft neutralisiert werden.

FEUER

Lassen Sie Ruhe in Ihren Geist einkehren, und richten Sie Ihre Aufmerksamkeit ganz auf die Flammen. Lassen Sie die Augen geöffnet, und blicken Sie in die Flammen.

Konzentrieren Sie sich auf das Feuer.

Bitten Sie mit Ihren Gedanken und Ihrem Herzen die Feuerelementare darum, Ihnen Lebensenergie und die Kraft der Begeisterung zu verleihen.

Stellen Sie sich vor, wie das Licht der Flammen mit jedem Einatmen in Ihren Körper dringt und alles Unreine auflöst und Sie dann von innen heraus erneuert.

Mit jedem Ausatmen geben Sie den Flammen die Energie wieder zurück. Dabei fließen alle negativen Energien, die in Ihnen waren, ins Feuer und werden dort durch die Elementare des Feuers in positive Energien transformiert.

Meditation über das Feuerelementar

Die Feuergeister geben uns Licht, Wärme und Vitalität. Sie verbinden uns auch mit der Kraft der Liebe, der Leidenschaft und der Begeisterung. Mit Hilfe der Feuerelementare können wir Transformationsprozesse einleiten und unserem Leben eine neue Richtung geben.

Die erneuernden Kräfte des Feuers

Eine Meditation über das Feuerelementar hilft Ihnen besonders dann, wenn Sie

- einen radikalen Reinigungsprozess einleiten wollen.
- fühlen, dass Ihr Lebensfeuer erloschen ist und es Ihnen an Liebe fehlt.
- die Kraft der Begeisterung nutzen wollen.
- sich depressiv und niedergeschlagen fühlen.
- Nervenleiden plagen.
- Ihre sexuelle Energie und Ihre Leidenschaft erhöhen wollen.
- an Verdauungsstörungen leiden.
- häufig kalte Hände und Füße haben.
- an Herzproblemen oder Durchblutungsstörungen leiden.
- spüren, dass Ihnen das innere Licht in Ihrem Leben fehlt.

In Kontakt treten mit den Elementaren des Feuers

Für Meditationen über das Feuerelementar sollten Sie am besten die unmittelbare Nähe von Licht und Feuer suchen. Am Lagerfeuer, am offenen Kamin, neben einer Fackel oder einer Kerze können Sie den Feuerelementaren besonders nahe kommen.

MÄRCHENHAFTE NATURGEISTER

Ob in religiösen Schriften oder in Märchen und Sagen – Naturgeister sind in allen Kulturen zu finden. Es gibt zahllose Beschreibungen von Feen und Elfen, Nixen und Seejungfrauen, Zwergen und Gnomen. Aber nicht nur Bücher und andere Schriften zeugen von der Existenz und Kraft der Naturgeister. Ihr Zauber und ihr geheimnisvoller Schleier kann von sensiblen Menschen ganz unmittelbar erfahren werden.

Die Bewohner der Feenwelt

Im Gegensatz zu den Elementarwesen sind die Bewohner der Feenwelt individuelle Wesen mit einer Persönlichkeit. Daher stehen sie den Menschen auch viel näher, und es fällt uns leichter, mit ihnen Kontakt aufzunehmen und zu kommunizieren. Während mit Elementaren nur eine Kommunikation auf unterbewusst-emotionaler Ebene möglich ist, können wir mit den Wesen der Feenwelt ganz bewusst kommunizieren.

Wie wir mit den Wesen der Feenwelt Kontakt aufnehmen können, davon wird das nächste Kapitel (s. ab S. 51) handeln. Hier will ich Sie zunächst einmal mit den verschiedenen Wesen vertrauter machen und Ihnen von den vielen Überlieferungen, Märchen und Bräuchen erzählen, die mit der Feenwelt zusammenhängen.

Die Persönlichkeiten des Feenreiches

Dem heutigen zivilisierten Menschen fällt es meist schwer zu akzeptieren, dass die Bewohner der Feenwelt real sein sollen. Sind die alten Volksmärchen wirklich wahr, die von buckligen Zwergen sprechen, die unter der Erde in Höhlen hausen, von bezaubernd schönen Nixen, die verliebte junge Männer in das tiefe Wasser ziehen, von hauchzarten Elfen, die in Blütenkelchen wohnen und nachts bei Mondschein tanzen und singen? Tatsächlich haben alle diese Märchen einen wahren Kern, doch sollten wir uns hüten, sie wortwörtlich zu nehmen. Die Feenwesen sind nicht wie die materiellen Dinge. Sie leben nicht in der materiellen, sondern eben in der Feenwelt. Wenn sie in unserer Welt erscheinen, sehen wir nicht ihre materielle, unveränderliche Gestalt, sondern ihr Bild ist das Bild ihrer Persönlichkeit, wie es vom Beobachter wahrgenommen wird.

---

*»Die Königin der Elfen will ich lieben,
denn in dieser Welt gibt's keine Frau,
die's wert ist, wirklich mein zu werden;
alle and'ren geb ich hin
und meine Elfenkönigin
such' ich bei Tag und Nacht. (…)
Sogleich bestieg er dann sein Ross,
und hetzt es über Stock und Stein
die Elfenkönigin zu frei'n.
So ritt er lang und ohne Halt,
Bis er in einem stillen Wald
das wilde Reich der Feen fand …«*

Geoffrey Chaucer (1340 – 1400)
aus »The Canterbury Tales, Sir Thopas«

Vielleicht klingt Ihnen das beim ersten Lesen zu theoretisch, doch wenn Sie genauer überlegen, wird Ihnen möglicherweise klar, dass Ihnen das im Grunde sehr vertraut ist. Wie ist es denn mit einem geliebten Menschen? Für den, der liebt, sieht der Geliebte anders aus als für andere Menschen! Immer werden unsere Sympathie oder

Eine Fee, wie sie in vielen Märchen beschrieben wird: elfenhaft von weiblicher Gestalt und so schwebend leicht, dass sogar ein Blatt, das auf der Wasseroberfläche schwimmt, ihren Körper tragen kann.

Abneigung, unsere positiven und negativen Vorurteile gegenüber einem Menschen unsere Wahrnehmung von ihm mitbestimmen. Es ist in der Tat ganz und gar unmöglich, etwas objektiv zu beurteilen. Natürlich wird man sich bei einem Menschen auf Haarfarbe und Größe einigen können; aber die wesentlichen Dinge sind immer und unabänderlich subjektiv. Ob jemand gut, nett, hässlich, sympathisch, unsympathisch, angenehm oder unangenehm aussieht, lässt sich nie mit absoluter Sicherheit sagen. Selbst der Hässlichste wird in den Augen des Menschen, der ihn liebt, als schön empfunden.

Und genauso ist es bei den Feen – nur viel deutlicher: Die Erscheinung eines Bewohners der Feenwelt hängt immer davon ab, was für ein Mensch ihn sieht. Es ist wichtig, das zu wissen und zu verstehen, um einen tieferen Zugang zur Welt der Feen zu finden und begreifen zu können, warum die Beschreibungen der Feenwesen oft so unterschiedlich ausfallen – und schließlich ist es wichtig, um die wahre Persönlichkeit der Feen zu erfassen.

Im Gegensatz zu den Elementargeistern sind die Wesen der Feenwelt niemals in nur einem Element zu Hause. Dennoch stehen sie stets einem bestimmten Element besonders nahe. Das gilt im Übrigen auch für den Menschen, der Teil an allen vier Elementen hat, dessen Persönlichkeit sich jedoch meist von einem oder zwei Elementen ganz besonders angezogen fühlt.

Die Feenwesen und die vier Elemente

Auch die Wesen der Feenwelt lassen sich natürlich vereinfacht den vier Elementen zuordnen:

- Die unterirdischen Wächter wie z. B. die Zwerge.
- Die Hüter der Gewässer wie z. B. die Nixen.
- Die Hüter des großen Atems wie z. B. die Elfen.
- Die Hüter des Lichts und des Feuers wie z. B. Djinns.

Auch Zwerge gehören zum Reich der Feen. Sie sind die Hüter der unterirdischen Welt.

Zwerge, Alven, Gnome

Die unterirdischen Wächter sind in der Erde zu Hause. Allerdings leben sie nicht, wie es die Menschen seit jeher glaubten, in Höhlen oder Bergwerken. Da diese Wesen nicht wie wir Menschen grobmateriell sind, können sie tatsächlich in der Erde wohnen und nicht nur in Hohlräumen. Wenn die Unterirdischen auch in der Erde wohnen, so kommen sie doch häufig an die Oberfläche. Sie zeigen sich den Menschen relativ häufig – nur die Feenwesen der Luft wie beispielsweise die Elfen lassen sich vor Meschen noch häufiger sehen.

Es gibt die unterschiedlichsten Namen und Beschreibungen von den Feenwesen der Erde. Bei uns kennt man Zwerge, Gnome, Kobolde, Trolle und Wichtel. In anderen Ländern heißen sie Dunkelelfen (Skandinavien), Leprechauns (England, Irland), Alven (Holland), Sidhe (Irland), Satyrn (Griechenland), Zapfenmandl (Österreich), Follets (Frankreich), Ngo-nama (Afrika) – und es kursieren noch zahlreiche weitere Bezeichnungen in anderen Kulturen.

Tatsächlich gibt es zahlreiche verschiedene unterirdische Feenwesen, wenn auch nicht so viele, wie es Namen gibt. So gehören beispielsweise die Alven, die Sidhe, die Follets, die Kobolde und die Ngo-nama wohl ein und derselben Art an. Zwerge und Trolle hingegen sind offenbar Erdgeister anderer Art. Die Unterschiede in den Arten ergeben sich aus dem anderen Element, das neben dem Element Erde für diese Wesen eine wichtige Rolle spielt. Die Zwerge sind jene Erdgeister, bei denen ausschließlich das Erdelement von Bedeutung ist. Kobolde hingegen haben oft auch eine starke Affinität zum Element Wasser. Der Klabautermann fühlt sich beispielsweise auf Schiffen wohl, obwohl er ein Erdgeist ist. (Er ist damit übrigens der einzige Erdgeist, dem es möglich ist, Wasser zu überqueren.)

»Terra usus mortalium semper ancilla.«
(»Die Erde dient stets den Bedürfnissen der Sterblichen.«)

Plinius d. J.
(römischer Schriftsteller,
um 62 – 113 n. Chr.)

Viele Erdgeister haben eine starke Verbindung zum Luftelement, insbesondere die Dunkelelfen. Sie sind trotz ihres Namens die lichtesten Gestalten des Erdreiches. Vulkangeister sind neben dem Element Erde eng mit dem Feuerelement verbunden.

Interessanter als die Unterschiede sind jedoch die Ähnlichkeiten zwischen allen Erdgeistern. Wenn sie dem Menschen erscheinen, sind sie fast immer klein an Gestalt (mit Ausnahme der Trolle und Vulkangeister), tragen dunkle, erdfarbene oder grüne Kleidung oder, wie die Satyrn, Fell. Erdgeister haben fast immer übermenschliche Körperkräfte und sind mit der Magie der Erde vertraut. Sie verfügen über die Macht, Menschen zu Wohlstand und Ansehen zu verhelfen, und üben diese Macht auch gern gegenüber jenen aus, die ihnen mit Respekt begegnen.

Die dunkle Seite der Erdgeister

Die Wesen der Feenwelt sind, wie ich zu Beginn dieses Buches bereits erklärt habe, Wesen, die uns mit der irdischen Natur als Ausdruck des All-Einen, sprich Gott, verbinden. Demnach sind sie niemals böse. Und doch berichten viele Sagen und Märchen von boshaften Naturgeistern. Aber die Berichte darf man nicht wörtlich nehmen oder mit Tatsachen verwechseln.

»... die Erdgeister, sie dienen und helfen
Treuherzig den Menschen.
Ich liebte zumeist
Die, welche man Wichtelmännchen heißt.
Sie tragen Rotmäntelchen,
lang und bauschig ...«

Heinrich Heine
(1797 – 1856)
aus »Waldeinsamkeit«

Insbesondere die unterirdischen Geister sind häufig mit negativen Kräften in Verbindung gebracht worden. Das war schon in frühen Zeiten so, allerdings niemals so stark wie seit der Verbreitung der christlichen Religion. Da der Teufel unterirdisch in der Hölle wohnen sollte, galten alle unterirdischen Wesen als verdächtig und mögliche Handlanger des Teufels.
So berichten Sagen von Zwergen, die gierig Edelsteine und Gold horten und jeden in ihren unterirdischen Verliesen gefangen hielten, der versuchte, ihr Gold zu rauben. Insbesondere Bergleute fürchteten sich daher vor Zwergen. Auch die irischen Leprechauns sollen ihre Schätze eifersüchtig hüten und Menschen töten, die es wagen, auch nur ein einziges Goldstück ihres Schatzes zu rauben. Trolle gelten in vielen Sagen gar als Menschenfresser. Obwohl allein schon das unterirdische Leben die Wesen des Erdelements verdächtig macht, konnten alle Vorurteile und religiösen Missverständnisse nicht verhindern, dass die Erdgeister dennoch überwiegend als gut wahrgenommen wurden. Und in allen Berichten, die die Erdgeister als boshaft bezeichnen, fällt doch deutlich auf, dass stets nur solche Menschen betroffen sind, die selbst boshaft, diebisch oder respektlos waren.

Brauchtum und Überlieferungen

Im Folgenden möchte ich Ihnen die bekanntesten Bräuche und Überlieferungen über das Aussehen, die Besonderheiten und das Wirken der Erdgeister vorstellen.

Alven – In Holland kennt man die Alven, eine Art unterirdisch lebender Elfen. Die Alven wohnen in den Alvinnenhügeln und gelten als die Beschützer der Ernte und des Weins. In manchen Gegenden ist es immer noch Brauch, kleine Holzschuhe zu schnitzen und zur Mittsommernacht vor die Haustür zu stellen. Die Alven, heißt es, verleihen den Schuhen einen besonderen Zauber. Am nächsten Morgen holt man die Schuhe wieder ins Haus und hängt sie in der Speisekammer oder im Keller auf – das soll die Nahrungsmittel vor dem Verderben und vor Ungeziefer schützen.

Eine typische Darstellung von einem Zwerg in der Kleidung eines Bergmanns.

Wenn die Schuhe am folgenden Morgen nicht mehr da sind, haben sie die Alven mitgenommen. Das gilt als großes Glück. Ein Jahr lang wird in dem Haus, das die Alven segneten, alles gelingen. Alte Leute sagen daher heute noch: »Die Alven haben wohl seine Schuhe mitgenommen ...«, wenn sie sich über einen ganz besonderen Glückspilz wundern.

Erlkönig – Wahrscheinlich kennen Sie den Erlkönig aus dem bekannten Gedicht Goethes, das Franz Schubert so einfühlsam vertont hat. Vielleicht wussten Sie aber noch nicht, dass der Erlkönig nur wenig mit dem Baum Erle zu tun hat. Vielmehr ist Erlkönig eine regionale Kurzform von »Elbenkönig« – der Erlkönig ist also ein mächtiges Feenwesen.
Ein wenig hat der Erlkönig aber doch noch mit der Erle zu tun. Die Erle gedeiht nämlich besonders gut an feuchten und nebligen Orten. Der Nebel wiederum ist Eingeweihten – insbe-

Märchenhafte Naturgeister

sondere in der keltischen Tradition – seit jeher als ein besonderer Zugang zur »Anderswelt«, der Feenwelt bekannt. Im Nebel wirkt das Offensichtliche verschwommen, und die Tür zum Unsichtbaren öffnet sich ein wenig; die Grenzen werden durchlässiger. Goethe erkannte das, wenn vielleicht auch unbewusst. Im Gedicht sieht das kranke Kind im dichten Nebel die Naturgeister. Was der Vater als eine Sinnestäuschung rationalisiert, ist in Wirklichkeit eher das Gegenteil: Durch den Nebel öffnen sich die feineren Sinne und die Wahrnehmung des Wesentlichen wird schärfer.

Follets, Kobolde, Sidhe – Bei den Kelten galten Höhlen als Pforten zum Schoß von Mutter Erde. Höhlen waren daher stets heilige Kraftorte. Um die Naturgeister der Erde günstig zu stimmen, opferte man ihnen Getreide, Brot oder Salz, das man auf die Erde vor den geheiligten Höhlen streute. In diesen Höhlen waren die Follets, Kobolde oder Sidhe angeblich zu Hause.

Höhlen beflügelten schon immer unsere Phantasie. Sie wirken auf uns wie ein Tor in andere Wirklichkeiten. Dunkel, geheimnisvoll und faszinierend ist die Welt der Erdgeister.

Heinzelmännchen – In Deutschland sind die Heinzelmännchen durch viele Sagen bekannt. Sie sind gute und liebenswürdige kleine Gestalten, die dabei helfen, das Haus rein und ordentlich zu halten, und die dafür sorgen, dass die Bewohner zufrieden und glücklich sind und zu Wohlstand gelangen. Dabei wird immer wieder vor einem Fehler gewarnt, den die Menschen begehen können, wenn sie Heinzelmännchen im Hause haben: Wer sie heimlich beobachtet und ihnen aus Neugier nachstellt, den verlassen sie sofort – und mit ihnen verlässt auch das Glück das Haus. Also Vorsicht, wenn Heinzelmännchen bei Ihnen wohnen sollten!

Rübezahl – Der in Deutschland berühmteste Erdgeist dürfte wohl Rübezahl sein – oder besser der »Herr der Berge«. Er gehört, was seine Riesengestalt beweist, zur Familie der Trolle. Rübezahl wurde der Sage nach durch ein Mädchen, das er liebte, betrogen (und bekam in dieser Episode seinen Beinamen Rübezahl). Seither soll er ein kritisches Verhältnis zu den Menschen haben und ihnen gern Streiche spielen, was ihm leicht gelingt, da er seine Gestalt beinahe beliebig verwandeln kann. Besonders allergisch reagiert er auf den Namen Rübezahl. Wer ihn jedoch respektvoll »Herr der Berge« nennt, dem ist er in aller Regel gewogen und hilft ihm in der Not.

Zapfenmandl – Die Zapfenmandl kennt man in Österreich. Diese Wesen leben als Einzelgänger im Wald und scheinen oft missgelaunt, sind aber in Wahrheit herzensgut und große Glücksbringer. Wenn ein Jüngling oder eine Jungfrau des Nachts allein in den Wald geht und ruft: »Zapfenmandl, hör mi o, gibst mir bittschön eine Gabe! Zapfenmandl, kleina Mo, Zapfenmandl hörst mi scho!«, erscheint ihnen der Naturgeist als kleines, oft Pfeife rauchendes Männlein und fragt nach ihren Wünschen. Wenn der Bittsteller reinen Herzens ist, wird ihm der Wunsch erfüllt. Undankbaren spielt das Zapfenmandl auch schon einmal einen Streich – beispielsweise verwandelt sich das Geschenk in Unrat. Dieser Brauch erinnert sehr an das Märchen »Das kalte Herz« von Wilhelm Hauff, das im Schwarzwald spielt.

So stellte sich der Maler Moritz von Schwind (1804 – 1871) den Rübezahl vor.

– ERLKÖNIG –

Wer reitet so spät durch Nacht und Wind?
Es ist der Vater mit seinem Kind;
Er hat den Knaben wohl in dem Arm,
Er fasst ihn sicher, er hält ihn warm.

—

»Mein Sohn, was birgst du so bang
dein Gesicht?«

—

»Siehst, Vater, du den Erlkönig nicht?
Den Erlenkönig mit Kron und Schweif?«
»Mein Sohn, es ist ein Nebelstreif.«

—

»Du liebes Kind, komm, geh mit mir!
Gar schöne Spiele spiel ich mit dir;
Manch bunte Blumen sind an dem Strand;
Meine Mutter hat
manch gülden Gewand.«

—

»Mein Vater, mein Vater,
und hörest du nicht,
Was Erlenkönig mir leise verspricht?«
»Sei ruhig, bleibe ruhig, mein Kind;
In dürren Blättern säuselt der Wind.«

—

»Willst, feiner Knabe,
du mit mir gehn?
Meine Töchter sollen
dich warten schön;

Meine Töchter führen
den nächtlichen Reihn,
Und wiegen und tanzen
und singen dich ein.«

—

»Mein Vater, mein Vater,
und siehst du nicht dort
Erlkönigs Töchter
am düstern Ort?«

—

»Mein Sohn, mein Sohn, ich seh es genau:
Es scheinen die alten Weiden so grau.«

—

»Ich liebe dich,
mich reizt deine schöne Gestalt;
Und bist du nicht willig,
so brauch ich Gewalt.«

—

»Mein Vater, mein Vater,
jetzt fasst er mich an!
Erlkönig hat mir ein Leid getan!«

—

Dem Vater grauset's, er reitet geschwind,
Er hält in den Armen das ächzende Kind,
Erreicht den Hof mit Mühe und Not;
In seinen Armen das Kind war tot.

Johann Wolfgang von Goethe
(1749 – 1832)
aus »Gedichte«
(Ausgabe letzter Hand, 1827, Seite 144)

Die symbolische Bedeutung der Erdgeister im Märchen

Die Beschreibungen der Erdgeister im Märchen sind nicht wortwörtlich zu verstehen, doch sie enthalten einen wahren Kern. Erdgeister werden dort fast immer als besonders kraftvoll beschrieben. Und das sind sie auch – wenn auch nicht immer im physischen Sinn. Sie sind Wesen der Macht, und sie können Menschen dabei helfen, selbst mächtig zu werden, aber nur, wenn sie auch gütig und weise sind. Dass im Zusammenhang mit den Erdgeistern, insbesondere der Zwergen, so oft im Märchen von Schätzen, Gold und Edelsteinen die Rede ist, hängt damit zusammen, dass die unterirdischen Geister den Menschen mit materiellen, greifbaren Kräften in Verbindung bringen können – in Wahrheit handelt es sich dabei natürlich nicht um Gold, sondern um innere Reichtümer, mit denen der Mensch beschenkt wird.

Der Erlkönig in einem Gemälde von Moritz von Schwind (1804 – 1871).

Die schönsten Märchen über Erdgeister

Erdgeister sind Wesen der Macht. Sie können den Menschen helfen, stark und selbstbewusst zu werden. Im Reich der Zwerge und Wichtel ist viel von Gold und Edelsteinen die Rede – in Wahrheit geht es aber um den inneren Reichtum, den nur der finden kann, der weise und gütig ist. Dies zeigen eindrücklich besonders die Märchen von E. T. A. Hoffmann, Wilhelm Hauff und Ludwig Bechstein.

Astrid Lindgren (1907 – 2002)
Ronja Räubertochter

In diesem zauberhaften Buch geht es zwar nicht um Naturgeister, aber es kommen viele darin vor …

Ludwig Bechstein (1801 – 1860)
Das Natterkrönlein

Eine gutherzige Magd ist bei einem reichen, hartherzigen und geizigen Herrn im Dienst. Im Stall trifft sie auf die Schlangenkönigin und gibt ihr etwas Milch, worauf sie von ihrem Herrn aus dem Haus gejagt wird. Doch die Schlangenkönigin wendet ihr Schicksal zum Guten …

Wilhelm Hauff (1802 – 1827)
Das kalte Herz

Der arme Köhlersohn Peter möchte so gern reich sein und bittet zwei Naturgeister um Hilfe: den Tannhäuser und den Holländermichel. Dabei tauscht er sein lebendiges Herz gegen ein kaltes Herz aus Stein ein. Doch der gute Tannhäuser hilft ihm, sein Herz und seine Liebe zurückzugewinnen.

E. T. A. Hoffmann (1776 – 1822)
Die Königsbraut

Eines der lustigsten Märchen. Daucus Carota, ein Erdgeist, verliebt sich in die Landjunkerin Anna, deren Vater Astrologe ist und sich in eine Sylphe verliebt hat. Durch das Eingreifen gut gesinnter Erdgeister kommt trotz merkwürdigster Verwirrungen alles zu einem guten Ende.

Hermann Hesse (1877 – 1962)
Faldum

Ein Dichter wird von einem geheimnisvollen Fremden, der jedem Menschen seinen größten Wunsch erfüllt, in einen Berg verwandelt. Die Verwandlung bringt für den Dichter Veränderungen des Fühlens und Sehens mit sich: Was fühlt ein Berg, wenn er in Äonen von Wind und Wetter abgetragen wird?

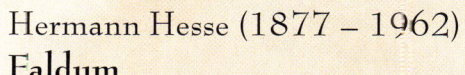

Von Seejungfrauen und Wassermännern

Die Wasserfeen sind zwar eng mit allen Gewässern verbunden, jedoch nicht wie die Wasserelementare an dieses Element gebunden. Wasserfeen können das Wasser auch verlassen – was sie auch tun. Allerdings entfernen sie sich in der Regel nicht weit von ihrem Zuhause.

Wenn Menschen den Feenwesen des Wassers begegnen, so findet das interessanterweise meist außerhalb des Wassers statt. Die Wassergeister zeigen sich Menschen nicht so häufig wie die Geister der Erde oder der Luft.

Das hängt damit zusammen, dass sowohl die Erd- als auch die Luftgeister

---

»… Anmutig und schalkhaft sind Nixen und Elfen …«

Heinrich Heine (1797–1856) aus »Waldeinsamkeit«

---

jeweils weibliche und männliche Energien in sich tragen, während die Wassergeister nur weibliche Energie und die Feuergeister nur männliche Energie ausstrahlen.

Der Mensch selbst ist stets beides. Jeder Mann hat eine innere Frau in sich, jede Frau einen inneren Mann. Daher ist die Affinität zu Naturgeistern, die ebenfalls beide Aspekte in sich vereinen, weit größer – sie sind für Menschen leichter zu verstehen.

Dennoch werden auch Wassergeister in allen Kulturen häufig beschrieben, und auch sie tauchen in unterschiedlichsten Formen und Namen auf. Wir kennen Nixen, Undinen, Meerjungfrauen und Wassermänner.

Aus dem antiken Griechenland wird von Najaden, Nereiden und Wassernymphen berichtet, die Perser kannten Asrai, die Chinesen den Lao-Yin, die südamerikanischen Indianer sprechen von den Xiutlanu und auf den Britischen Inseln wiederum nennt man sie Selkies.

Die Unterschiede in den Beschreibungen der Wassergeister sind nicht so vielfältig wie bei den Erdgeistern. In aller Regel erscheinen die Wassergeister den Menschen als anmutige und schöne Gestalten mit wundervollen Augen. Außerdem verfügen sie zumeist über die Gabe des Gesangs. Überwiegend sind sie nackt oder mit Fischschuppen ausgestattet; wenn sie Gewänder tragen, dann meist grüne oder blaue, wie aus Algen oder Wasser gemacht. Besonders auffällig ist, dass fast alle Wassergeister als weibliche Wesen wahrgenommen werden.

Nachdem Sie nun schon so einiges über die Energien der Naturgeister erfahren haben, erahnen Sie vielleicht auch schon den Grund dafür, weshalb Wassergeister fast immer frauen- oder mädchenähnlich erscheinen: Das Element Wasser ist Ausdruck der reinen weiblichen Energie.

Auch die Wasserfeen verfügen über große Kräfte. Sie wirken vor allem in den Gefühlen. (Auch hier zeigt sich die weibliche Energie!) Daher wird in den Sagen oft von Wasserfeen wie der Loreley oder den Sirenen berichtet, die durch ihre zauberhaften Gesänge die Menschen verwirren und sie in ihren Bann ziehen.

Die dunkle Seite der Wasserfeen

Die Wasserfeen kommen in der Regel in den Sagen etwas besser weg als die Erdgeister. Während das Unterirdische schnell mit der Hölle und dem Bösen in Verbindung gebracht wurde, war das Wasser zu offensichtlich ein Lebensspender und von daher eine Quelle der Freude. Da jedoch im Christentum alle Arten von Naturgeistern im Verdacht standen, für das Böse zu arbeiten, fanden sich Gründe dafür, auch die Hüter der Gewässer zu verdammen.

Den Gesängen der Wasserfeen werden in der Sage meist böse Absichten unterstellt – ja, oft sogar mörderische: Der Gesang solle die Menschen verwirren und anlocken, damit die Nixen dann die hilflosen Menschen in die Tiefe ziehen, ertränken und sich ihrer Seelen bemächtigen könnten. All das ist Ausdruck der menschlichen Angst vor dem Element Wasser und dem Unbekannten an sich.

*»… Saß ich am Bache,
so tauchten und sprangen
Hervor aus der Flut, mit ihrem langen
Silberschleier und flatterndem Haar,
Die Wasserbacchanten,
die Nixenschar.«*

Heinrich Heine (1797 – 1856)
aus »Waldeinsamkeit«

Brauchtum und Überlieferungen

In Schottland, auf den Orkney- und den Shetlandinseln, in der Normandie und in der Bretagne sind seit jeher die Selkies bekannt. Das sind Wassergeister, die im Meer die Gestalt von Seehunden annehmen. Sie können aber an Land gehen, ihr Seehundfell ablegen und Menschengestalt annehmen. Ihre Seehundhäute verstecken die Selkies, wenn sie an Land gehen, oder tragen sie mit sich – allerdings nicht als Haut, sondern in Form eines Amuletts. Geht die Seehundhaut (das Amulett) verloren, so muss der Selkie ein Mensch bleiben.

Es gibt sowohl männliche als auch weibliche Selkies. Während die Selkiefrauen in ihrer Menschengestalt sehr schön sind, wirken die Selkiemänner eher untersetzt, dafür aber ungewöhnlich stark, mutig und tapfer. Wenn ein Selkie als Mensch getötet wird, kann er wieder zum Leben erweckt werden, wenn man ihn ins Meer wirft – er nimmt dann wieder seine Seehundgestalt an und kann nie mehr zum Menschen werden. Es gibt keine Naturgeister, die so häufig Verbindungen zu Menschen eingehen wie Selkies. Die Kinder aus solchen Verbindungen haben oft eine Scheu vor dem Wasser – denn instinktiv wissen sie, dass etwas Unheimliches mit ihnen geschieht, wenn sie im Meer untertauchen: Sie werden zu Seehunden.

In Deutschland glaubte man einst, dass Nixen und andere Wassergeister gern Kinder zu sich holen, um mit ihnen zu spielen. Insbesondere Kinder, die im Tierkreiszeichen des Wassermanns geboren wurden, genossen bei den Wassergeistern angeblich besondere Beliebtheit. Daraus entwickelte sich der Brauch, die Naturgeister des Wassers zu bitten, die Kinder nicht zu sich zu nehmen. Neben einem ehrfürchtigen Respekt vor der Heiligkeit der Gewässer versuchten die Mütter die Nixen auch günstig zu stimmen, indem sie nach der Taufe eine Münze als Opfer in den Brunnen, den Fluss oder den See warfen und riefen »Hier hast du das Deine, lass mir das Meine.«

In vielen Ländern Europas herrschte im Mittelalter – und vielerorts auch noch lange Zeit später – der Brauch, Sterbenden einen Eimer Quellwasser ans Sterbebett zu stellen. Die Naturgeister des Wassers halfen dem Sterbenden, sich von seinem Leib zu lösen und sich vor der Reise in die jenseitige Welt rein zu waschen.

Die symbolische Bedeutung des Wassers im Märchen

Im Märchen erscheinen die Wasserfeen meist als Frauen; sie sind schön, verfügen über die Gabe des Gesangs und wirken betörend auf Männer. All diese Dinge weisen auf den Kern hin, der den Sagen zugrunde liegt: Die Feenwesen des Wasserelements wecken die weibliche Energie in uns und sprechen unsere Gefühle an. Wenn in Sagen davon die Rede ist, dass die Nixen versuchen, Menschen ins Wasser zu ziehen und sie ihrer Seele zu berauben, so weist dies vor allem auf die Angst der Menschen (vor allem der Männer!) hin, sich in Emotionen zu verlieren, sich hinzugeben und in Gefühlen zu »ertrinken«. Darauf weist auch hin, dass in fast allen Sagen die Liebe der Wasserfeen eine große Rolle spielt. Das Wasser ist ein Symbol für Veränderungen, die immer auch mit Angst verbunden sind. Wandlungen durch die Geister des Wasserelements sind jedoch positive Veränderungen auf der emotionalen Ebene.

Die schönsten Märchen über Wassergeister

Die Wassergeister erscheinen meist als Wasserfeen oder Nixen – betörend schön ihr Körper, faszinierend ihr Gesang. Die Feen des Wassers wecken weibliche Energie und sprechen männliche Emotionen an. Dabei spielt die Liebe fast immer eine große Rolle, so in Hans Christian Andersens berühmtem Märchen »Die kleine Seejungfrau« und den Märchen von Ludwig Bechstein. Wasser ist auch ein Symbol für Veränderungen, die mit einem Wellen schlagenden Gefühlsleben einhergehen.

Ludwig Bechstein (1801 – 1860)
Der Müller und die Nixe

Ein ehemals reicher, doch nun armer Müller begegnet einer Nixe. Die Nixe verspricht ihm neuen Reichtum, wenn er ihr das gibt, was in seinem Haus neu geboren wurde – er denkt an ein Kätzchen, doch seine Frau hat gerade einen Knaben geboren …

Ludwig Bechstein (1801 – 1860)
Selinde

Ritter Alfred begegnet einer wunderschönen Nixe, der Quellenkönigin Selinde. Beide verlieben sich ineinander, und der Ritter verspricht der Holden, um eine bestimmte Zeit wiederzukehren. Doch er verpasst den Zeitpunkt und verscherzt sich damit das Liebesglück.

F. H. K. de la Motte-Fouqué (1777 – 1843)
Undine

»Es ist die Geschichte von der schönen Wasserfee, die keine Seele hat, die nur dadurch, dass sie sich in einen Ritter verliebt, eine Seele bekommt … aber, ach! Mit dieser Seele bekommt sie auch unsere menschlichen Schmerzen: Ihr ritterlicher Gemahl wird treulos, und sie küsst ihn zu Tode. Der Tod selbst ist in dieser Geschichte ebenfalls nur ein Kuss.«
(aus: Heinrich Heine, »Die romantische Schule«)

George MacDonald (1824 – 1905)
Die federleichte Lachprinzessin

Das heiterste Märchen des Melancholikers MacDonald. Eine Prinzessin wird durch den Zauber einer bösen Tante schwere- und gefühllos. Nur im Wasser hat sie Gewicht und tiefere Gefühle. Dann verliebt sich ein Prinz in sie – doch bevor er seine Prinzessin bekommt, muss er erst einmal sterben …

Hans Christian Andersen (1805 – 1875)
Die kleine Seejungfrau

Die jüngste Tochter des Königs der Meere verliebt sich in einen Prinzen, den sie vor dem Ertrinken gerettet hat. Um Füße zu bekommen und an Land in der Nähe des Geliebten leben zu können, muss die Meerjungfrau der Meerhexe ihre Stimme geben und kann dem Prinzen nicht sagen, dass sie es war, die ihn gerettet hat. Der Prinz verliebt sich in eine andere … Ein sehr trauriges Märchen, aber mit einem versöhnlichen Ende.

Elfen, Sylphen und Devas

Die Feen des Luftelements leben nicht nur in der Luft, wie man vielleicht zunächst annehmen mag. Vielmehr leben sie, ähnlich wie wir Menschen, hauptsächlich oberirdisch. Die meisten Luftgeister haben jedoch die Fähigkeit, sich durch die Lüfte fortzubewegen. Manche wohnen in Höhlen (im Gegensatz zu den Unterirdischen, die nicht in Höhlen, sondern direkt in der Erde wohnen), viele leben aber auch in Pflanzen.

*»Im Duft der Blätter
im Herbstgewitter
Tanzt du,
Sylphe, luftiges Kind
Du niemals Gestillte
Wolkenumhüllte
Fee im Wind.«*

Ron van Valkenberg

Die Feenwesen des Luftelements entsprechen am ehesten dem Bild, das sich die Menschen für gewöhnlich von Feen machen. Die meisten Wesen dieser Gattung sind zart, ätherisch, freundlich und schön und können mit Menschen gut kommunizieren. Insbesondere die Elfen stehen dem Menschen sehr nahe und nehmen gern Kontakt zu ihm auf. So verwundert es nicht, dass die Feenwesen der Luft am häufigsten beschrieben werden, öfter als die Wesen des Erdelements.

Ihre Namen sind sehr unterschiedlich. Bei uns heißen sie vor allem Elfen, in anderen Kulturen nannte man sie Devas (Indien), Sylphen, Oreaden oder Dryaden (Griechenland), Leschiye (Russland), Brownies (England), Korrigans (Irland), Peris (Persien) oder Dames vertes (Frankreich). Das ist nur eine kleine Auswahl der vielen Namen, unter denen diese Wesen bekannt sind. Sie unterscheiden sich nicht so sehr voneinander wie die Wesen anderer Elemente.

Man kann zwei Arten von Luftgeistern konstatieren: jene, die mit einem weiteren Element (zusätzlich zum Luftelement) in Verbindung stehen – beispielsweise die Brownies, die eine enge Beziehung zum Erdelement haben und daher oft mit Gnomen verwechselt werden – und die Elfenähnlichen, die wie wir Menschen in allen vier Elementen zu Hause sind. Diese Ähnlichkeit der Letzteren mit Menschen ist auch der Grund dafür, dass uns die Kommunikation mit Elfen einfacher fällt als die Kommunikation mit allen anderen Naturgeistern.

Die dunkle Seite der Luftgeister

Die Elfen und anderen Luftgeister sind erstaunlicherweise nahezu verschont geblieben von dunklen Missverständnissen. Das luftige Element ist zu klar und rein, als dass es sich so leicht trüben ließe. Natürlich waren dem Christentum alle Geistwesen außer

den Engeln verdächtig. Die Priester der damals neuen Religion verachteten die Erde, die alten heiligen Bräuche und Überlieferungen.
So ist es schon ein wenig überraschend, dass die Luftgeister nicht als böse verdammt worden sind – ja, ihnen sogar etwas Himmlisches zugesprochen wurde. Im Mittelalter, wo das Wissen um die Elfen noch weit verbreitet gewesen ist, hieß es, dass die Elfen einst Engel waren, die zwar aus dem Himmel verbannt, jedoch nicht in die Hölle verstoßen wurden.

---

*»Wie haben mich lieblich
die Elfen umflattert!
Ein luftiges Völkchen!
Das plaudert und schnattert! …*

*Sie unterbrachen
manchmal das Gesinge
Lautlachend,
und frugen bedenkliche Dinge,*

*Zum Beispiel:
,Sag uns, zu welchem Behuf
Der liebe Gott den Menschen schuf?
Hat eine unsterbliche Seele
ein jeder von euch?
Ist diese Seele von Leder
Oder von steifer Leinwand?
Warum sind eure Leute
meistens so dumm?'*

*Oh, schöne Zeit!
Wo sich zu grünen Triumphespforten
zu wölben schienen
die Bäume des Waldes –
ich ging einher,
Bekränzt, als ob ich der Sieger wär!«*

Heinrich Heine (1797 – 1856)
aus »Waldeinsamkeit«

Brauchtum und Überlieferungen

In Russland heißen die Naturgeister, die bei uns Elfen genannt werden, Leschiye. In manchen Gegenden sagt man bis zum heutigen Tage, dass ein junges Mädchen, das in einer Vollmondnacht zur Frau wird (also ihre erste Menstruation hat) und in dieser Nacht in den Wald geht, die Leschiye tanzen sieht. Wenn es nicht furchtsam ist und mit ihnen tanzt, wird es die vollkommene Liebe finden, und ihre Kinder werden Glückskinder sein.
Im Mittelalter glaubte man in vielen Ländern Europas, dass im Wind unsichtbare Geister wohnten. Wer dem Wind respektlos gegenübertrat und Böses im Schilde führte, dem spielten die Luftgeister Streiche. Als Beweis für die Wirkung der Windgeister galten vor allem gerötete und geschwollene Augen.
Vielerorts versuchten die Menschen Luftgeister durch Geschenke zu besänftigen. So war es in den bayerischen Alpen bis vor hundert Jahren noch Brauch, Mehl, Salz oder Brotkrumen vor einem Berg in die Tiefe oder direkt in den wehenden Wind hineinzustreuen. Dabei musste ein passender Opferspruch aufgesagt werden, damit die Windgeister das Geschenk annahmen. Auch heute noch stellen einige Menschen, insbesondere an der Ostsee, Kerzen auf das Fensterbrett und lesen die Bibel, um die Geister des Windes zu besänftigen und Sturmschäden abzuwenden. In China, Japan und vor allem Thailand verehrt man bis heute die Elfen und errichtet ihnen kleine »Geisterhütten« (saan phra phoom), um sie dem Haus günstig zu stimmen, sie um Verzeihung zu bitten, dass man Bauwerke oder Felder auf ihrem Land angelegt hat, und um sie zum Bleiben zu bewegen, denn man weiß, dass ein Ort, den die Elfen verlassen haben, nichts Gutes bringt.

Die symbolische Bedeutung der Luft im Märchen

Immer wenn in Sagen und Märchen von Elfen die Rede ist, sind diese zart und von schöner Gestalt. Sie singen und tanzen, haben häufig Flügel und

In sommerlichen Vollmondnächten kann man ihnen begegnen, den Luftgeistern.

sind nicht selten zu Späßen aufgelegt. All dies symbolisiert etwas vom wahren luftigen, leichten Wesen der anmutigen Elfen und Luftgeister.
Gesang und Tanz stehen für die Kunst. Und in der Tat sind insbesondere die Feen der Luft Vermittler von Inspiration und Kreativität. Die Flügel, mit denen die Sage so viele Elfen ausstattet, sind ein Sinnbild für die Leichtigkeit und Freiheit, aber auch für die Möglichkeit, sich in höhere Sphären zu erheben. Der Humor der Elfen symbolisiert ihre geistige Leichtigkeit und die Fähigkeit, sich zwischen den Welten hin und her zu bewegen, sowie die Freude und Energie, die die Elfen auch dem Menschen vermitteln können.

Die schönsten Märchen über Luftgeister

Luftgeister und Elfen werden in Märchen meist zart und in reizvoller Gestalt dargestellt. Ihr luftiges Wesen verleiht ihnen eine Leichtigkeit, die sie in anmutiger Weise tanzen und singen lässt. Mit ihren Flügeln sind sie Vermittler von Inspiration und Kreativität, Symbol für Freiheit und die Fähigkeit, in höheren Sphären zu schweben. Kein Geringerer als William Shakespeare bringt uns in seinem berühmten Stück »Der Sturm« die Welt der Luftgeister näher.

August von Platen (1796 – 1835)
Rosensohn
Die verwitwete und kinderlose Königin Gyrmantis bekommt eine Rosenknospe geschenkt, aus der ein Knäblein entspringt. Nach zahlreichen wundersamen Abenteuern besiegt Rosensohn schließlich die böse Zauberin Pfefferlüsch …

Christoph Martin Wieland (1733 – 1813)
Timander und Melissa
Ein Königssohn verliebt sich in eine Feenprinzessin und vergisst darüber die Frau, die er eigentlich liebt. Die Feenkönigin hilft ihm, seine wahre Liebe zu erkennen.

William Shakespeare (1564 – 1616)
Der Sturm

»Der Sturm« gilt als reifstes Stück des großen Dichters. Prospero, ein guter Magier, wird durch einen Sturm auf eine geheimnisvolle Insel verschlagen. Ein Luftgeist, Ariel, hilft ihm dabei, den mörderischen Anschlag seines Dieners Caliban zu vereiteln …

Hermann Hesse (1877 – 1962)
Iris

In diesem wunderschönen Märchen verliert der Held – wie ja so viele Menschen – allmählich die klare Sicht des Kindes auf die Natur. Erst seine wahre Liebe bringt ihn dazu, sich wieder auf die Suche nach den Geheimnissen der Kindheit zu machen.

Ludwig Tieck (1773 – 1853)
Die Elfen

Die kleine Marie gerät beim Spiel in den geheimnisvollen düsteren Tannenwald. Doch als sie ihn betritt, ist nichts mehr düster, sondern alles licht und schön. Die Elfenkinder zeigen ihr das Reich der Naturgeister …

Salamander und Feuergeister

Auch das Feuerelement hat seine eigenen Feen. Diese lichten Wesen wohnen überall dort, wo es Hitze, Licht oder Flammen gibt. Die Feuergeister sind meist sehr flüchtige Wesen; mitunter offenbaren sie sich nur für Sekundenbruchteile – im Blitz. Andere leben hoch in den Lüften und manche sogar tief unter der Erde, beispielsweise in Vulkanen.

*»Sehnsucht zum Licht
ist des Lebens Gebot.«*

Henrik Ibsen
(norwegischer Dichter; 1828 – 1906)

Tatsächlich war das Wort »Vulcan« ursprünglich der Name des höchsten römischen Feuergottes. Später wurde der Name auf die Feuergeister, die unterirdisch wirken, übertragen. Heute meint man, wenn man von Vulkanen spricht, nur noch die Austrittsstellen des Magmas.

Auch der Name für eine andere Art von Feuergeistern ist verwirrend. Der mittelalterliche Arzt und Naturforscher Paracelsus nämlich nannte die Geister des Feuers Salamander – heute versteht man darunter eine bestimmte Art von Amphibien. Am unmissverständlichsten ist daher der Begriff Feuerdevas, wenn wir von den Feen des Feuerelements sprechen. Allerdings sind Feuerdevas im engeren Sinne nur diejenigen Feuerelfen, die in den Lüften zu Hause sind. Der orientalische Name für Feuerdevas ist Djinn. Feuerdevas erscheinen den Menschen nur sehr selten. Allerdings gibt es eine Ausnahme. Eine bestimmte Art von Feuerfeen sucht geradezu die Nähe des Menschen – sie leben nämlich im Herdfeuer. Da es heute bei uns kaum noch Herde gibt, die tatsächlich mit Feuer betrieben werden, sind natürlich auch diese Feen immer seltener zu sehen.

Obwohl die feurigen Naturgeister schon immer schwer wahrnehmbar waren, bezeugten ihnen die Menschen besonderen Respekt. Das ist auch der Grund dafür, dass man den Feuergeistern besonders häufig Opfer darbrachte. Bei den wenigen Naturvölkern, die heute noch halbwegs ihren alten Gebräuchen folgen, gelten nach wie vor die Naturgeister des Feuers als besonders heilig und machtvoll.

Bei den Inkas hüteten Tempeljungfrauen die heiligen Feuerstellen – ebenso wie bei den Griechen, die Hestia verehrten, oder den Römern, wo die jungfräulichen Priesterinnen nach der römischen Göttin des Herdfeuers, Vesta, Vestalinnen genannt wurden.

Auch die Kelten hatten einen weiblichen Schutzgeist des Feuers, des Herdes und der Fruchtbarkeit, Bridget. Im frühen Hinduismus wurde als erster Teil der Morgenzeremonie ein Feueropfer dargebracht und dem Feuergeist Agni eine Hymne gesungen.

Die dunkle Seite der Feuergeister

Es mag auf den ersten Blick plausibel klingen, gerade den Feen des Feuers und des Lichtes dunkle Eigenschaften zuzuschreiben. Tatsächlich wurde dies teilweise getan. Dabei ist es interessant, dass die Feuerwesen gleichzeitig als besonders gut wie auch als besonders böse angesehen wurden: Einerseits wurden die Engel mit dem Feuerelement in Verbindung gebracht, und Gott selbst offenbarte sich der Bibel nach in einem brennenden Dornbusch. Andererseits galt auch die Hölle als ein Ort des Feuers und der Flammen. Jedenfalls wurde dem Feuer und den dort beheimateten Wesen stets große Macht zugeschrieben – im Guten wie im Bösen.

Brauchtum und Überlieferungen

Der Herd, die Feuerstelle, galt seit Urzeiten als Mittelpunkt – zuerst der Höhle und dann des Hauses. Heim und Herd gehören seit Anbeginn der Zivilisation zusammen. An dem zentralen Ort des Heimes stand der Herd, brachte Wärme und Licht ins Haus, gewährte Behaglichkeit und Schutz und war Heimstatt der Geister des Feuers. Diesen Geistern kam schon bei den Germanen die Aufgabe zu, böse Einflüsse abzuwehren. Daher durfte das einmal entzündete Herdfeuer nicht verlöschen.

Wenn das Herdfeuer doch einmal ausging, wurde das als schlechtes Omen angesehen, da die im Feuer wohnenden Geister nun keinen Schutz mehr zu gewähren pflegten. Kein Wunder also, dass der Herd nur sehr selten ausging und es empfindliche Strafen für den Achtlosen gab. Der germanische Brauch wurde im Christentum weitergeführt: Lange war es üblich, die Asche im Herd am Karfreitag auszukehren und durch das Ausstreuen dieser heiligen Asche Haus und Hof vor Bränden zu schützen. Weit verbreitet war auch der Brauch, der Braut des Hausherrn den Herdsegen zu erteilen, bevor sie in ihre neue Familie aufgenommen wurde. Dazu musste die Braut sich vor dem Herdfeuer verbeugen, daraufhin den Herd dreimal umschreiten und dem Feuer ein Opfer im Form wohl riechender Kräuter weihen. Soweit die Erinnerung der Menschen in der Mongolei zurückreicht, werden dort die Geister des Feuers in nächtlichen Ritualen verehrt. Schamanen ritzen Fragen mit einem Messer in Holzstücke und verbrennen diese dann, während sie die Feuergeister anrufen und nach der Zukunft befragen. Die Schamanen und Schamaninnen können in dem Rauch, der Farbe und Strahlkraft des Feuers die Antworten der Feuergeister erkennen.

Einige alte Bräuche, die mit dem Feuer zusammenhängen, haben sich bis in die heutige Zeit nahezu unverändert erhalten, auch wenn wir dabei nicht mehr an Naturgeister denken. In der Kirche z. B. werden nach wie vor Räucherungsrituale mit wohl riechenden Substanzen wie Weihrauch durchgeführt, der ebenso zum katholischen Brauchtum gehört wie Kerzen. In der Osternacht wird die Osterkerze, in der Weihnachtszeit werden Kerzen auf dem Adventskranz und dem Weihnachtsbaum angezündet. An Silvester und am Johannistag feiern wir mit Feuerzeremonien wie vor tausenden von Jahren die Kelten, und zu einem richtigen Geburtstagsfest gehören Geburtstagskerzen, um festliche Stimmung aufkommen zu lassen.

Ein Brauch aber ist nicht religiös und wird immer wieder neu belebt: In romantischen Augenblicken oder dann, wenn wir anderer Menschen gedenken, zünden wir Kerzen an. Intuitiv spürt

Feuer steht sowohl für Zerstörung und Erneuerung als auch für Wärme, Schutz und Liebe.

wohl jeder Mensch, wie die Geister des Feuers die Energie, die sein Herz ausstrahlt, verstärken und die Gefühle vertiefen.

Die symbolische Bedeutung des Feuers im Märchen

Feuergeister tauchen in europäischen Märchen nur selten auf. Wenn wir uns jedoch die Eigenschaften betrachten, die mit dem Feuerelement zu tun haben, wird offensichtlich dass Feuerwesen sehr häufig eine Rolle spielen. Jedes Märchen, in dem es um das Thema Transformation und Erneuerung geht, spricht indirekt vom Feuerelement und seinen Wesen. Das gilt auch für das Thema »Liebe«, das wohl eines der häufigsten Themen in der Literatur überhaupt sein dürfte. Denn erst die Liebe führt zur Vollendung eines Lebens. Und wer sich verliebt, hat »Feuer« gefangen.

Die schönsten Märchen über Feuergeister

Zwar tauchen Feuergeister in europäischen Märchen seltener auf, wohl aber tragen zahlreiche Figuren jene Eigenschaften, die mit dem Feuerelement verbunden sind. Wenn es um Transformation und Erneuerung geht, spielt indirekt das Feuerelement eine ganz zentrale Rolle. Motive der Verwandlung bestimmen auch jene Märchen, die ich Ihnen ans Herz legen möchte, wie beispielsweise die von Hermann Hesse, E. T. A. Hoffmann und Astrid Lindgren.

Astrid Lindgren (1907 – 2002)
Die Brüder Löwenherz

Ein berührendes Märchen um das Leben nach dem Tod. Der kleine Krümel wird durch seinen großen Bruder bei einem Brand gerettet. Der geliebte Bruder stirbt, und der kranke Krümel folgt ihm bald. Im Kirschtal begegnen sie sich wieder. Doch auch das Leben nach dem Tod kennt Werden und Vergehen und einen weiteren Neubeginn …

E. T. A. Hoffmann (1776 – 1822)
Das fremde Kind

Zwei Kinder begegnen im Wald einem fremden Kind, das – wie sich herausstellt – das Kind der Feenkönigin ist und die beiden schließlich mit an den Hof seiner Mutter nimmt. Gemeinsam besiegen sie den widerlichen Gnom Pepser …

Christoph Martin Wieland (1733 – 1813)
Der Stein der Weisen

Ein König und eine Königin leben in Luxus und Langeweile – bis ein angeblicher Magier alles durcheinander bringt. Nach Verwandlungen und Abenteuern entdeckt das Herrscherpaar schließlich seine Liebe füreinander und die Liebe zum einfachen Leben

George MacDonald (1824 – 1905)
Der Goldene Schlüssel

Mossy und Tangle suchen nach dem Goldenen Schlüssel, der am Fuße des Regenbogens liegt. Sie finden den Schlüssel auch – und damit beginnt die mythische Reise nach dem Schloss, in das der Schlüssel passt …

Hermann Hesse (1877 – 1962)
Pictors Verwandlungen

Pictor kommt ins Paradies. Da rät ihm die Schlange, sich schnell zu verwandeln, und er wird zum Baum. Allmählich merkt er jedoch, dass er nun unwandelbar ist, während sich alle anderen Wesen ständig verändern. Erst die Liebe lässt ihn schließlich ganz werden …

KONTAKTE ZUR FEENWELT

Die Wesen der Feenwelt zeigen sich uns dann, wenn wir der Natur mit Liebe und offenem Herzen begegnen. Solche Begegnungen sind eine große Bereicherung und können uns den Weg zu einem erfüllten, liebevollen und zauberhaften Leben weisen. Wie und wann wir zu den Feen und Elfen, zu den Nixen und Devas am besten Kontakt aufnehmen, erfahren Sie in diesem Kapitel.

Die Entdeckung des Wunderbaren

Wer einmal damit begonnen hat, mit den Naturgeistern Kontakt aufzunehmen, wird immer wieder Zwiesprache mit der Feenwelt halten. Der erste Blick in die Feenwelt verändert auch die Sichtweise auf unsere Welt. Glauben Sie nicht, dass nur ganz besonders begabte und ungewöhnliche Menschen mit den Wesen der Feenwelt kommunizieren könnten! Jeder,

---

*»Eines zu sein mit allem,
das ist Leben der Gottheit,
das ist der Himmel des Menschen.
Eines zu sein mit allem, was lebt,
in seliger Selbstvergessenheit
wiederzukehren ins All der Natur,
das ist der Gipfel der Gedanken
und Freuden.«*

Friedrich Hölderlin (1770 – 1843)
aus »Hyperion 1, 2«

---

wirklich jeder Mensch ist dazu in der Lage, wenn er es wirklich will und den Blick auf das Wesentliche richtet.

Geduld!

Die Feen werden sich Ihnen dann offenbaren, wenn Sie dazu bereit sind. Und zwar sind Sie dann bereit, wenn sich Ihr Herz öffnet und Ihre Seele die Feen einlädt. Sie können bereit sein, ohne es zu wissen. Aber die Feenwesen wissen es mit Sicherheit. Wenn Sie einfach abwarten, ohne sich zu verschließen, werden Sie, ohne dass Sie es merken, von den Feen auf den Kontakt vorbereitet.

Wenn Sie geduldig bleiben, werden sich Ihnen die Feen genau zum richtigen Zeitpunkt offenbaren.

Einführung in die Sprache der Feen

Anfangs werden Sie die Wesen der Feenwelt wahrscheinlich nicht gleich mit Ihren körperlichen Augen und Ohren sehen und hören können. Ich habe zwar gelernt, dass jeder im Lauf der Zeit Naturgeister wirklich sehen und hören kann – aber das geschieht nicht von heute auf morgen. Die Feen nähern sich langsam und vorsichtig. Zunächst werden wir sie nur ahnen, dann spüren, dann erste Blicke auf sie erhaschen und sie erst daraufhin sehen und sogar mit ihnen sprechen.

Das liegt nun nicht daran, dass die Feen so furchtbar schüchtern wären. Es ist vielmehr so, dass wir eine Zeitlang brauchen, um uns auf die feinere Schwingung der Geistwesen der Natur einzustimmen.

Nehmen Sie sich genügend Zeit. Ich kann das gar nicht oft genug betonen! Eile, Hektik und bloße Neugier ist der beste Weg, sich die Erfahrungen mit der Feenwelt zu verbauen.

Verfeinern Sie Ihre Sinne! Wenn Sie spazieren gehen, gehen Sie langsam, und nehmen Sie alles in sich auf. Wie soll Ihr Geist die Feenwelt erfassen, wenn Sie gerade über die Steuererklärung oder den Verwandtenbesuch nachdenken? Betrachten Sie die Bäume, die Pflanzen, die Tiere, die Wolken, die Erde und die Steine – versuchen Sie zu fühlen, wie es ist, ein Baum, eine Pflanze, eine Wolke, ein Stein zu sein.

Riechen Sie den Duft der Blüten, der Bäume und der Erde. Berühren Sie einen Baum, nehmen Sie einen Stein oder etwas Erde in die Hand. Schließen Sie die Augen, und lauschen Sie ... Sie werden überrascht sein, wie sich die Welt darstellt, wenn sie in Achtsamkeit aufgenommen wird.

Bevor Sie die Feenwelt erfassen, sollten Sie in der Lage sein, erst einmal unsere normale Welt wirklich wahrzunehmen. Wenn Ihnen das zur Gewohnheit wird, werden Sie auch fähig sein, hinter die äußeren Erscheinungen der Dinge zu blicken.

Die Wahrnehmung vertiefen

Es gibt ein paar Tricks, mit denen Sie leichter Zugang zu ungewöhnlichen Wahrnehmungen bekommen können. Wenn Sie das nächste Mal spazieren gehen, probieren Sie es aus:

- Kneifen Sie die Augen ein wenig zusammen, so dass Sie gerade noch sehen können.
- Versuchen Sie durch die Dinge hindurchzuschauen, indem Sie in die Ferne blicken.
- Achten Sie auf Wahrnehmungen am Rande Ihres Blickfeldes.
- Bewegen Sie Ihre Augenlider schnell auf und ab.

Auf diese Art und Weise wird es Ihnen leichter fallen, ungewöhnliche Dinge zu bemerken. Vielleicht sehen Sie eine unerklärliche Bewegung, Gesichter, Gestalten oder ein besonderes Licht in Bäumen, Steinen und Blumen.

Wie Sie Feen wahrnehmen

Erste Kontakte könnten sich beispielsweise dadurch zeigen, dass

- intensive freudige Gefühle in Ihnen aufsteigen.
- Sie sich von der Natur vollkommen angenommen fühlen.
- Sie ohne eigentlichen Grund lachen oder lächeln müssen.

»Der Poet versteht die Natur besser als der wissenschaftliche Kopf.«

Novalis (1772 – 1801)

- Sie plötzlich eine Gänsehaut oder ein Kribbeln auf der Haut spüren.
- Ihnen plötzlich warm wird.
- die Zeit still zu stehen scheint.
- Sie unerwartete Geräusche hören: beispielsweise ein Rascheln Rauschen oder Klänge.
- Sie unerklärliche Bewegungen wahrnehmen: Wenn sich Wasser plötzlich kräuselt, wenn Gras oder Blätter sich bewegen, obwohl es windstill ist.
- ein plötzlicher Windstoß oder Windwirbel auftritt.
- Sie Lichtblitze, Flimmern oder einen Lichtschein um Dinge herum sehen.
- Ihnen plötzlich Düfte in die Nase steigen, obwohl es keine erklärbare Quelle dafür gibt.
- sich Ihnen scheue Waldtiere nähern.
- Sie spüren, dass jemand Sie beobachtet.

Was uns Feen sagen können

Wir können viel von den Feen lernen, wenn wir ihnen zuhören. Um zuzuhören, ist es nicht nötig, im realen Sinne mit den Feen zu reden, oder sie zu

Einer Fee zum ersten Mal zu begegnen, bleibt ein unvergessliches Erlebnis.

sehen. Die Feen sprechen vor allem zu Ihrer Seele. Diese geheimnsvollen Wesen werden Ihr Leben bereichern, wenn Sie sich auf sie einlassen. Sie werden die Natur besser verstehen, Sie werden lernen, die Schönheit der Welt zu erkennen, ohne dabei die Probleme des Alltags aus den Augen zu verlieren. Sie werden Heiterkeit und Freude gewinnen, Sie werden das Wunder der Schöpfung erfahren.

Aber da ist noch viel mehr. Die Wesen der Feenwelt sind weiser und wissender als wir Menschen. Feen können Ihnen daher sogar bei persönlichen Schwierigkeiten in Ihrem Leben helfen, Ihnen Rat geben, wenn Sie nicht weiterwissen, Sie aufmuntern, wenn Sie verzweifelt, Sie trösten, wenn Sie traurig sind. Sie können Ihnen zeigen, wie Sie richtig mit Ihren Pflanzen umgehen. Und sie können Ihnen zeigen, wie Sie richtig mit sich selbst umgehen, wie Sie gesund bleiben oder gesund werden können. Voraussetzung dafür ist allerdings Sie müssen still sein und gut zuhören ...

Magische Wirklichkeiten

Wenn Sie die Welt der Feen entdecken wollen, ist es hilfreich zu wissen, wie und wo Sie Feen besonders leicht begegnen können. Es gibt nämlich bestimmte Orte und Zeiten, wo die Wesen der Feenwelt aktiv sind. Natürlich können Sie Feen beinahe überall treffen. Sie können sie sogar zu sich einladen, indem Sie einen kleinen Garten anlegen und sich liebevoll um Ihre Pflanzen kümmern. Sie können Feen begegnen, wenn Sie spät abends durch die Stadt gehen und an einem Gebüsch

»Es ist wichtiger, dass jemand sich über eine Rosenblüte freut, als dass er ihre Wurzel unter das Mikroskop bringt.«

Oscar Wilde (1854 – 1900)

vorbeikommen. Sie können Ihnen begegnen, wenn Sie träumen und überhaupt nicht an sie denken!
Doch wenn Sie eine starke Sehnsucht nach Weisheit, Heiterkeit, Schönheit und Herzenswärme der Feenwelt spüren, machen Sie es sich leichter, wenn Sie bestimmte Orte zu bestimmten Zeiten aufsuchen.

Magische Orte

Es gibt Plätze, an denen Feen und Elfen sich besonders wohl fühlen. Sie können wohl ahnen, dass dies weniger Bürogebäude in der Stadt sind als vielmehr Orte in der freien Natur. Wenn Sie den Wesen der Feenwelt begegnen wollen, sollten Sie in die Natur gehen. Je mehr Zeit Sie dort verbringen, desto besser. Je mehr die Natur frei von menschlichen Einflüssen geblieben ist, desto günstiger. Je unberührter und ursprünglicher die Landschaft ist, desto lieber halten die Lichtwesen der Natur sich dort auf. Sie sind dort auch eher bereit, sich Ihnen zu zeigen und Kontakt mit Ihnen aufzunehmen.
Die magischen Orte, in denen die Feen wohnen, können Sie nicht auf einer Landkarte finden – verlassen Sie sich ganz auf Ihre Intuition. Einige Orte sind sehr beliebt. Dort ist die Wahrscheinlichkeit, den Wesen der Feenwelt zu begegnen, besonders groß.

Feenorte

Orte, an denen es leichter fällt, mit Feen in Kontakt zu treten, sind
- Stellen, an denen eine natürliche Wiese in den Wald übergeht
- Natürliche Wälder; insbesondere die Mitte des Waldes
- Auffällige Baumgruppen (z. B. Baumkreise)
- Waldlichtungen
- Wilde Blumenwiesen
- Ufer von naturbelassenen Bächen, Flüssen oder Seen
- Kuppen von Hügeln, die Gipfel der Berge
- Schluchten im Gebirge
- Höhlen und hohle Bäume
- Wilde Hecken, Gebüsche, Unterholz.

Der betörende Duft einer Heckenrose an einem heißen Junitag führt uns geradewegs in das Reich der Feen.

Die Feen halten insgesamt gesehen nicht so viel von der menschlichen Zivilisation, die mehr zerstört als aufbaut. Doch fühlen sich die Feen den Menschen eng verbunden und weilen selbst in den Städten oft in der Nähe der Menschen. Gerade Blumenelfen sind in jedem Stadtpark zu Hause. Dort, wo Gärten wild wachsen, wo Friede und Liebe in den Herzen der Menschen ist, dort kommen Feen gern zusammen.

Magische Zeiten

Nicht nur bestimmte Orte gibt es, an denen Feen sich gern aufhalten – die Feen bevorzugen auch ganz bestimmte Zeiten. Die Zeit hat für die Feenwelt natürlich eine ganz andere Bedeutung als für uns Menschen. Denn in der Feenwelt läuft die Zeit nicht geordnet und mechanisch ab, wie es unsere Uhren vorgeben. Manch lange Zeitabschnitte vergehen für die Elfen wie Sekunden; besondere Momente erscheinen wie eine Ewigkeit.

Feenzeit

Feenwesen zu begegnen, zählen zu jenen Erfahrungen im menschlichen Leben, die Sie niemals vergessen werden. Wenn Sie wissen, welche Zeiten Feen bevorzugen, wird es Ihnen noch leichter fallen, mit den Elfen und anderen Feen Kontakt aufzunehmen. Besonders günstige Zeiten sind

- das Morgengrauen, kurz vor Sonnenaufgang,
- die Abenddämmerung, kurz vor Sonnenuntergang,
- die Mittagsstunde, wenn die Sonne am höchsten Punkt steht,
- Mitternacht, wenn die Sonne ganz verschwunden ist,
- der Frühling, wenn das Leben wieder aufblüht,
- der Herbst, wenn die Reifezeit herrscht,
- Vollmond,
- Neumond,
- Sonnwendtage, (21. Juni, 21. Dezember),
- neblige Tage.

Unsere Vorfahren wussten noch um die Bedeutung bestimmter Zeiten. Sie feierten Feste und ehrten damit die Ahnen, die Götter und die Wesen der Feenwelt. Viele der heidnischen Jahresfeste wurden in die neue Zeit hinübergerettet, andere gerieten in Vergessenheit. Um die Feenwelt zu verstehen, ist es vielleicht ganz gut, sich diese alten Feste wieder in Erinnerung zu bringen.

Die heidnischen Jahresfeste

Julfest/Raunächte
21. Dezember

Dies ist der Tag der Wintersonnwende. Das Julfest beginnt mit der längsten Nacht des Jahres am 21. Dezember und dauert zwölf Nächte. Diese Nächte stehen für die zwölf Monate des folgenden Jahres. Das Julfest ist das Fest der Wiedergeburt der Sonne. Das Element Feuer gewinnt von nun an wieder neue Kraft. Der Sonnengott Odin ist alt und stirbt. Sein Sohn mit der Göttin Frigga (auch Freya genannt) ist Vidar, der neue Sonnengott – die Wiedergeburt des Vaters im Sohn. Aus dem Julfest entwickelte sich das christliche Weihnachtsfest, das in Skandinavien auch heute noch Jul genannt wird.

Imbolc
1. Neumond nach den zwölf Nächten des Julfestes

Imbolc ist das Fest des Lichts. Das Licht steht als Symbol für die Kräfte des Feuers und des Lichts, die sich mit den Erdkräften vereinen und Fruchtbarkeit bringen. Bevor es dunkel wird, wird ein Festmahl abgehalten; dabei wird der Tisch auch für die Disen (Geister) und Ahnen reichlich gedeckt. Im Christentum wurde Imbolc übrigens zu Lichtmess, das die Katholiken am 2. Februar feiern.

Ostara
21. März
An diesem Termin sind Tag und Nacht gleich lang. Dieses Fest wurde zu Ehren der Göttin Astarte (Ashtoret, Ishtar) gefeiert, der Erdgöttin der frischen, grünenden Erde, der Liebe und der Fruchtbarkeit. Im Christentum entwickelte sich aus dem heidnischen Fruchtbarkeitsfest Ostern, das Fest der Auferstehung Christi.

Beltane/Walpurgisnacht
1. Mai
Das heidnische Fest des Sommeranfangs. Es symbolisiert den Anfang des Kreislaufes vom Zeugen, Gebären, Leben und Sterben. An diesem Tag vereinten sich weise Frauen (die als mit dem Teufel in Verbindung stehende Hexen denunziert wurden) mit den vier Elementen Erde, Wasser, Luft und Feuer.
Heute erinnert noch der beliebte Brauch vom Aufstellen eines Maibaums an dieses alte Fest.

Sommersonnwende
21. Juni
Der längste Tag des Jahres. An diesem Tag wird der Höhepunkt der Lebenskraft gefeiert – gleichzeitig macht das Fest aber auch die Vergänglichkeit bewusst. Bei der Sonnwendfeier werden die erneuernden Naturgeister des Feuers angerufen und verehrt. Dieses Fest überdauerte im Christentum im Brauch Johannisfeuer, die am Tag Johannes' des Täufers (24. Juni) entzündet werden. Oder in Stonehenge beispielsweise wird vom Druidenorden die Sonnwendfeier noch nach alten keltischen Riten begangen.

Lugnasad
31. Juli
Auch Lammas oder Schnitterfest. Das Fest ist dem keltischen Naturgeist Lug geweiht, dessen Amme die Erdgöttin Tailtiu war. Zusammen mit seinem Bruder Dagda und Ogma gehörte Lug zu den drei irischen Hauptgöttern der so genannten Thuata De Danann.

Mabon
21. September
Die Tag- und Nachtgleiche im Herbst. Dieses Fest ist eines der ältesten Feste der Menschheit und seit jeher ein Dankesfest an die Naturgeister der Erde, an dem die Menschen sich für die Ernte bedanken. Früher wurden an diesem Tag zahlreiche Dankopfer in Form von Früchten und Erzeugnissen der Landwirtschaft dargebracht. Seit dem Mittelalter ist das Erntedankfest auf klösterlichem Grundbesitz bei den Christen bezeugt. Der Brauch, die Altäre der Kirchen mit Ähren und Garben, Früchten und Blumen zu schmücken, stammt aus dem 18. Jahrhundert.

Samhain
31. Oktober
Das heidnische Fest des Winteranfangs. Zur Zeit des Winternachtfestes stirbt die Natur, um wieder geboren zu werden. Daher ehrten die Menschen an diesem Tag die Geister der Erde, auch die dunklen Geister und die Ahnen.

Steinkreise sind magische Orte. Ihre ursprüngliche Bedeutung ist bis heute unbekannt. Doch eignen sie sich gut für Feste und Rituale.

Magische Wirklichkeiten

Es gibt Plätze, die verwunschen und märchenhaft erscheinen. Es sind die Orte, die unsere Phantasie anregen und Tore zu anderen Welten öffnen.

Liebe weist den Weg

Sie wissen nun alles, was Sie wissen müssen, um mit der Feenwelt in Kontakt zu kommen. Aber alles Wissen hilft nichts, wenn nicht das Herz dabei ist. Die Liebe zur Natur, zu allen Lebewesen, zu den Geheimnissen der

---

*»O, große Kräfte sind's,
weiß man sie recht zu pflegen,
die Pflanzen, Kräuter, Stein'
in ihrem Innern hegen.«*

William Shakespeare (1564 – 1616)

Welt – das ist es, worauf es ankommt. Lassen Sie alle Meinungen, alle Vorurteile, alle Erwartungen fallen, öffnen Sie Ihre Augen, Ihre Ohren – und vor allem Ihr Herz. Dann werden Ihnen die Feen weiter auf Ihrem Weg helfen. Wenn Sie in die Natur gehen, machen Sie es nicht wie so viele Menschen, die nichts sehen, weil ihre Augen, ihre Ohren und Herzen nur um das eigene Ich kreisen. Wenn Sie selbst verzaubert von dem Wunder der Welt sind, werden Sie auch den Zauber spüren, der von der Feenwelt ausgeht.
Vielleicht fällt Ihnen das anfangs etwas schwer, da Sie es noch nicht gewohnt sind. Aber dann haben Sie es nur verlernt – denn jedes Kind kennt den Zustand der Verzauberung.

Lassen Sie sich verzaubern!

Folgende Hinweise werden es Ihnen leichter machen, sich wieder von der Natur verzaubern zu lassen:

- Beim Erwachsenen drängen sich immer wieder die Gedanken in den Vordergrund. Wichtig sind jedoch die Gefühle. Gehen Sie Ihren Gefühlen nach. Immer wenn ein Gedanke auftaucht, lassen Sie ihn vorüberziehen, und konzentrieren Sie sich wieder auf Ihre Gefühle und Empfindungen.
- Nehmen Sie Ihre Sorgen nicht mit, wenn Sie sich auf den Weg machen, die Feenwelt kennen zu lernen. Bevor Sie losgehen, schreiben Sie alle Sorgen, die Sie belasten, auf ein Blatt Papier und verbrennen es in dem Bewusstsein, damit für die Zeit Ihres Spazierganges oder Ihrer Wanderung Ihren Kopf von alltäglichen Sorgen und Grübeleien zu befreien.
- Wenn es Ihnen schwer fällt, Ihre Gedanken loszulassen, achten Sie auf Ihren Körper. Was empfindet Ihr Körper, was sagt er Ihnen? Ob Sie nun eine Bergtour machen, unter einem Baum stehen bleiben oder sich auf eine wilde Wiese legen – hören Sie darauf, was Ihr Körper Ihnen mitteilt.
- Bedienen Sie sich all Ihrer Sinne. Lauschen Sie dem Rauschen des Windes, dem Plätschern eines Baches, dem Zwitschern der Vögel. Riechen Sie den Duft der Blumen, der Bäume und der Erde. Blicken Sie mit wachen Augen um sich, und nehmen Sie die Natur in sich auf. Spüren Sie die Luft auf Ihrer Haut und den Kontakt Ihrer Füße mit dem Boden. Nehmen Sie sich Zeit und genießen Sie.

Wenn Sie auf diese Art die Natur betrachten, wird sich Ihnen allmählich die Welt der Naturgeister öffnen, und Sie werden immer mehr erstaunliche Dinge entdecken. Achten Sie auf alles Ungewöhnliche, und erleben Sie die Freude des Endeckens. Alles, was sich vom Gewohnten unterscheidet, verdient Ihre Aufmerksamkeit. Sonne und Mond, Berggipfel, mächtige Felsen, alte bemooste oder knorrige Bäume, Blumen, die auf der Wiese besondere Muster bilden, Wolken, die seltsame Formen annehmen... Denken Sie daran: In allem ist Leben und alles ist wert, geliebt zu werden. Und was Sie lieben, wird sich Ihnen offenbaren.

Die Heilkraft der Blumen- und Baumelfen

Jede Pflanze wird von einer Pflanzenfee begleitet. Diese Fee gibt der Pflanze Individualität und Leben, versorgt sie mit Energie und schützt sie vor schädlichen Einflüssen. Jede Blume ist einzigartig. So wie jeder Mensch hat auch jede Pflanze ihre Eigenheiten, die sie von allen anderen Artgenossen unterscheidet – und diese Einmaligkeit rührt von der Fee her, die sie bewohnt. In gewisser Weise ist jede Blume, jeder Strauch und jeder Baum ein Abbild des Charakters der Elfe, die die Pflanze hütet. Wird eine Pflanze lieblos behandelt, verlässt die Elfe sie, und die Pflanze stirbt. Das bedeutet nicht etwa, dass die Elfe die Pflanze tötet: Nur durch die Elfe hat die Pflanze ja Leben; die Elfe ist das Leben der Pflanze. Es vergeht also nur die äußere Form – die Seele der Pflanze, die Elfe, lebt weiter. Die Pflanzenelfen sind so vielfältig wie die Pflanzen, die sie bewohnen und schützen.

»Wer einen Tag glücklich sein will, der trinke!
Wer ein Jahr glücklich sein will, heirate!
Wer immer glücklich sein will, der werde Gärtner!«

aus China

Die Blumenelfen oder Devas sind meist unglaublich zart und schön und gehören zu den lieblichsten Lichtwesen. Der Kontakt mit diesen Wesen fällt sensiblen Menschen besonders leicht.

Die Baumelfen oder Dryaden erscheinen ebenfalls in den vielfältigsten Formen. Im Vergleich zu den Devas sind sie aber zumeist kraftvolle, Ehrfurcht gebietende und gütige Wesen. Auch zu den Baumelfen können Menschen sehr leicht Kontakt aufnehmen.

Elfen und die Elemente Feuer, Wasser, Erde, Luft

Eine Besonderheit der Blumen- und Baumelfen besteht darin, dass sie eine Eigenheit mit dem Menschen teilen: Sie haben nämlich Teil an allen vier Elementen.

Mitunter wurden Pflanzendevas zum Erdelement gezählt und als Erdgeister bezeichnet. Das trifft jedoch nur teilweise zu. Zwar sind die Pflanzen im Erdelement verwurzelt – die Erdelementare versorgen sie mit wichtigen Nährstoffen des Bodens. Für ihr Wachstum benötigt jede Pflanze jedoch auch Wasser und die Kraft der Wasserelementare.

Die Fortpflanzung der Pflanzen findet dagegen im Luftelement statt. Luftelementare machen die Übertragung der Lebensenergie möglich. Nicht zuletzt

Beim Anblick mancher Blüte fällt es einem nicht schwer, daran zu glauben, dass in ihr eine Elfe wohnt, die ihr Charakter und Einzigartigkeit verleiht.

Die Lichtwesen, die in Blumen und anderen Pflanzen zu Hause sind, können wir nicht klar einem bestimmten Element zuordnen, sondern sie benötigen Energien von allen vier Elementen, den Erd-, Feuer-, Wasser- sowie Luftelementaren.

benötigen Pflanzen auch die Feuerelementare. Ohne das Sonnenlicht bzw. die darin lebenden Feuerelementare kann keine Pflanze entstehen. Erst durch die Fotosynthese, die Transformation von unbelebtem, anorganischem Material in organische Körpersubstanz mit Hilfe von Licht, können Pflanzen entstehen, sich entwickeln und leben.

Pflanzen und ihre Seelen, die Pflanzendevas, benötigen also alle vier Elemente: Erde, Wasser, Luft und Feuer. Erst wenn alle Elemente harmonisch zusammenwirken, kann eine Pflanze entstehen und ein Lichtwesen beherbergen.

Auch der Mensch ist ein Wesen aller vier Elemente – wenn auch auf einer anderen Ebene. Doch nicht zuletzt wegen dieser Wesensverwandtschaft können Menschen besonders leicht Kontakt zu Pflanzenwesen aufnehmen. Wie das geht, darüber haben wir ja schon ausführlich gesprochen.

»Wisst ihr, dass die Bäume sprechen? Ja, sie sprechen; sie sprechen unter sich und wenn ihr euch die Mühe macht, ihnen zuzuhören, werden sie auch zu euch sprechen. Die Schwierigkeit der Weißen liegt darin, dass sie nie zuhören. Sie haben die Stimme ihrer indianischen Brüder nicht gehört, wie sollten sie da die Stimme der Natur hören? Ich habe viel von den Bäumen gelernt: Manches über das Wetter, manches über die Tiere und manches über den Geist des Universums ...«

Walking Buffalo

Pflanzen, das heißt eigentlich in diesem Zusammenhang die Pflanzendevas, sind für die Menschen ganz besonders wichtig. Sie machen unsere Luft rein, wandeln Kohlendioxyd in Sauerstoff um und halten das Klima im Gleichgewicht. Die Früchte der Pflanzen sind wichtigster Bestandteil der menschlichen Nahrung – und Pflanzendevas geben uns Heilmittel für alle Krankheiten.

Wir sollten uns immer daran erinnern, dass wir unsere Welt nicht nur ärmer machen, wenn wir den Lebensraum der Pflanzen gefährden und damit die Lichtwesen vertreiben, die für den Menschen so wichtig sind. Im wahrsten Sinne des Wortes schaufeln wir uns durch derartiges Verhalten unser eigenes Grab.

Indem wir mit den Pflanzendevas zusammenarbeiten, schaffen wir uns eine wunderbare Möglichkeit, unsere Welt aktiv zu schützen und lebenswert zu erhalten.

Die Pflanzendevas haben aufgrund ihrer Wesensverwandtschaft mit den Menschen noch weitere, ganz besondere Kräfte: Sie besitzen die Fähigkeit, die Seelenkräfte des Menschen in Harmonie zu bringen. Jede Art von Pflanzendeva hat dabei eine ganz spezielle Wirkung auf den Menschen.

Blumen und Blumenelfen

Blumenelfen sind ätherische Wesen, die überaus positive Energien ausstrahlen. Kein Wunder, dass gerade sensible und spirituelle Menschen Blumen ganz besonders lieben. Auch wenn es ihnen oft nicht bewusst ist: Sie nehmen, indem sie ihre Blumen lieben, hegen und pflegen, ja, vielleicht sogar mit ihnen Gespräche führen, Kontakt mit den Blumenelfen auf, die es ihnen danken, indem sie heilsame und liebevolle Energien ausstrahlen.

Die besondere Ausdruckskraft der Blumen spielte in der Geschichte immer auch bei Ritualen eine bedeutende Rolle – bis zum heutigen Tage. Tempel und Schreine werden mit Blumen geschmückt, in Meditations- oder Seanceräumen entfalten sie ihre Kraft, sie werden Geburtstagskindern geschenkt oder Kranken mitgebracht, um die Atmosphäre aufzuhellen. Und schließlich begleiten sie auch den Verstorbenen auf seiner Reise in eine andere, ferne und doch so nahe Welt. Blumenelfen sprechen zunächst über Formen, Farben und Düfte zur menschlichen Seele. Besonders sensitive Menschen können die seelischen Wirkungen der Elfen erspüren und sich von ihnen bei ihrer seelischen Entwicklung helfen lassen.

Denn jeder Mensch besitzt im Grunde die Fähigkeit, die Energien der Blumenfeen wahrzunehmen, doch nur wenige wagen es in unserer rationalen, sehr von den praktischen Dingen des Alltags geprägten Zeit, sich auf das scheinbar Übernatürliche, Wundervolle und eigentlich zentrale Thema unseres Lebens einzulassen. In der nebenstehenden Tabelle finden Sie einige Anhaltspunkte, in welcher Form Blumenelfen auf den Menschen Einfluss haben, und wie sie ihm helfen können.

WICHTIGE BLUMENELFEN
Wie Blumenelfen auf den Menschen wirken

Anemonen-Elfen helfen dabei, die Dinge humorvoll zu sehen.

Angelika-Elfen lassen das Denken still werden.

Aster-Elfen öffnen das Herz.

Augentrost-Elfen machen das »innere Auge« sehfähiger.

Aurikel-Elfen helfen, die Vergangenheit zu klären.

Belladonna-Elfen fördern die Ausstrahlung.

Chrysanthemen-Elfen lassen einen die richtigen Worte finden.

Dotterblumen-Elfen wecken das Innere Kind.

Efeu-Elfen machen die Vergangenheit bewusst.

Eisenkraut-Elfen befreien von einengenden Gedankenmustern.

Flieder-Elfen vertiefen die Meditation.

Gänseblümchen-Elfen wecken die Kreativität.

Geranien-Elfen beruhigen hochfliegende Gedanken.

Glockenblumen-Elfen fördern die Selbsterkenntnis.

Heckenrosen-Elfen aktivieren die Lebensfreude.

Heidekraut-Elfen helfen Schüchternen, sich auszudrücken.

Himmelschlüssel-Elfen helfen in chaotischen und verwirrenden Situationen.

Hyazinthen-Elfen lassen uns einen Blick in die Welt hinter dem Schein werfen.

Iris-Elfen stärken die Verbindung zu anderen Menschen.

Jasmin-Elfen intensivieren die Träume.

Kornblumen-Elfen erleichtern die Kommunikation.

Lavendel-Elfen fördern die Erinnerung.

Lilien-Elfen verbessern die künstlerischen Ausdrucksmöglichkeiten.

Löwenzahn-Elfen machen Mut, zur eigenen Meinung zu stehen.

Mimosen-Elfen helfen dabei, mehr Sensibilität zu entwickeln.

Mohn-Elfen befreien die Gedanken von unnötiger Grübelei.

Narzissen-Elfen bringen Klarheit in die Gedanken.

Nelken-Elfen unterstützen das Einnehmen anderer Blickwinkel.

Patientia-Elfen machen es leichter, Geduld zu bewahren.

Primel-Elfen helfen dabei, sich (wieder) jung zu fühlen.

Ringelblumen-Elfen lassen uns leichter mit Stress fertig werden.

Rosen-Elfen wecken Gefühle der Zärtlichkeit und Zuneigung.

Schlüsselblumen-Elfen öffnen das Bewusstsein für intuitive Botschaften.

Schneeglöckchen-Elfen helfen dabei, Belastendes loszulassen.

Seerosen-Elfen fördern die Achtsamkeit.

Tausendschön-Elfen stärken ein geschwächtes Selbstbewusstsein.

Tulpen-Elfen helfen, Ordnung ins Leben zu bringen.

Veilchen-Elfen aktivieren die außersinnliche Wahrnehmung.

Waldreben-Elfen stärken das Hier- und-Jetzt-Bewusstsein.

Weinreben-Elfen schenken mehr Gelassenheit.

Bäume und Baumelfen

Mit den Baumelfen oder Dryaden verhält es sich ganz ähnlich wie mit den Blumenelfen. Ihre Energien sind jedoch noch kraftvoller und urtümlicher. Besonders sensitive Menschen haben deshalb erst einmal zu große Ehrfurcht vor diesen Wesenheiten. Naturmenschen hingegen fühlen sich fast immer von den Baumelfen stark angezogen.

Wenn sie im Wald spazieren gehen, berühren sie oft unwillkürlich Bäume oder lehnen sich an sie und spüren, wenn auch oft unterbewusst und nur sehr vage, dass heilsame Energien vom Baum auf sie übergehen. Kaum ein Mensch wird sich dem Zauber der Baumelfen entziehen können. Schon ein kurzer Spaziergang durch den Wald kann trübe Stimmungen auflösen oder sogar Krankheiten heilen.
In der folgenden Übersicht finden Sie Hinweise auf die besonderen Wirkungen einiger Baumelfen.

WICHTIGE BAUMELFEN
Wie Baumelfen auf den Menschen wirken

Ahorn-Elfen schenken Vertrauen in die Kraft der Erde.

Apfelbaum-Elfen helfen dabei, Verluste zu überwinden.

Birken-Elfen senden bei körperlichen Erkrankungen heilende Energien.

Buchen-Elfen erleichtern es, sich abzugrenzen.

Eichen-Elfen fördern die Entwicklung der Willenskraft.

Eschen-Elfen machen Mut zu emotionalem Ausdruck.

Espen-Elfen fördern die emotionale Intelligenz.

Fichten-Elfen stärken die Verbindung zum eigenen Körper.

Haselnuss-Elfen stärken ein gesundes Ichgefühl.

Kastanien-Elfen unterstützen den Abbau von Ängsten.

Kiefern-Elfen helfen dabei, sich seiner wahren Ziele bewusst zu werden.

Linden-Elfen wecken den Sinn für die Schönheit des Lebens.

Olivenbaum-Elfen helfen dabei, seinen eigenen Weg zu finden.

Palmen-Elfen bringen Sonne und Licht in die Seele.

Pappel-Elfen helfen gegen Schlaflosigkeit.

Tannen-Elfen fördern das innere Wachstum.

Ulmen-Elfen helfen gegen depressive Verstimmungen.

Weiden-Elfen bringen neue Farben in die Gefühle.

Zedern-Elfen lassen innere Ruhe entstehen und schenken neue Energien.

Jede Elfe ist individuell und hat ihre eigene Persönlichkeit. Wenn Sie sich einem Baum oder einer Blume nähern, spüren Sie, welche Energie von der Pflanze ausgeht und wie sie auf Sie wirkt. Hier ein Gemälde von Tony Gibbons (19. Jahrhundert).

Es gibt viel zu entdecken. Verlassen Sie die gewohnten Pfade, und beobachten Sie genau die Welt um sich herum. Vielleicht haben Sie dann die Gelegenheit, die Feenwelt in ihrer zauberhaften Andersartigkeit zu erleben. Hier ein Gemälde von Richard Doyle (1824 – 1883).

Wenn Sie die harmonisierenden Wirkungen der Baum- und Blumengeister erfahren wollen, ist es nicht notwendig, die Pflanzen oder Teile von ihnen zu sich zu nehmen. Die Pflanzendevas bewirken zwar auch, dass den Bestandteilen von Pflanzen heilkräftige Wirkungen zukommen, doch die wichtigeren seelisch-geistigen Wirkungen sind zu subtil, um durch materielle Bestandteile der Pflanze übertragen werden zu können.

Am sinnvollsten ist es, den Baum oder die Blume zu suchen, die einem hilft, eigene seelische Probleme und Blockaden zu lösen, und sich in Meditation dieser Pflanze und ihrem Lichtwesen zu nähern. Je enger der Kontakt, desto besser.

Die materielle Hülle von Baumelfen ist sehr robust, und die Energie der Elfe kann am besten gespürt werden, wenn Sie den Baum berühren, sich an ihn lehnen oder ihn umarmen.

Bei den Blumendevas ist es sinnvoll, sich vorsichtig anzunähern, um die Pflanze nicht zu beschädigen. Hier noch ein Wort zu Schnittblumen: Prinzipiell ist es für die Blumenelfen

---

… Du holde Fee, mir treu geblieben
Aus Tagen meiner Kinderzeit,
Was hat dich nun verscheucht, vertrieben,
Du stille Herzensheiterkeit?
Leicht trugst du, wie mit Wunderhänden,
Mich über Gram und Sorge fort,
Und selbst aus nackten Felsenwänden
Rief Quellen mir dein Zauberwort.
Du, Trostesreichste mir vor allen,
Kehr neu beflügelt bei mir ein
Und laß dein Lächeln wieder fallen
Auf meinen Pfad wie Vollmondschein …

Theodor Fontane (1819 – 1898)
Aus »In Hangen und Bangen«

---

nicht angenehm, wenn die Pflanze geschnitten und damit ihr direkter Kontakt zum Erdelement unterbrochen wird. Eine sehr liebevolle Aufnahme und Behandlung geschnittener Blumen kann das jedoch ausgleichen, und die Elfe wird, solange es ihr nur möglich ist, in der Blume verweilen. Schnittblumen, die Sie sehr liebevoll behandeln, werden sich daher sehr lange halten, teilweise so lange, dass selbst Wissenschaftler darüber ins Staunen geraten. Auf der anderen Seite werden lieblos in die Vase gestellte und dann vergessene Blumen schon in kurzer Zeit verwelken!

Schlusswort

Sie haben mich auf einer Reise in die Welt der Naturgeister begleitet und dabei vielleicht einige ganz interessante Dinge erfahren. Doch denken Sie daran: Nicht das Wissen, das immer nur scheinbares Wissen sein kann, ist entscheidend. Das Wesentliche ist die Liebe zu allem Leben. Und Sie wissen nun: Die ganze Natur ist von Leben durchdrungen. Gehen Sie einfach hinaus und entdecken Sie sie. Die Wesen der Feenwelt werden Sie begleiten …

Für Johanna, Friederike und Agathe, meine lieben Elfen

Danksagung

Niemand ist allein auf seinem Weg. Ohne die Inspiration meiner lieben Freunde und Freundinnen, menschlichen und elfischen, wäre mein Weg sicherlich anders verlaufen. Ich danke all den Lieben, die mich bei meiner Arbeit an diesem Buch unterstützt und ermutigt haben, insbesondere auch den Mitarbeitern des W. Ludwig Buchverlags, die neuen Ideen gegenüber stets aufgeschlossen sind. Nicht zuletzt möchte ich mich auch bei den vielen Lesern und Leserinnen bedanken, die mir Mut gemacht haben, meine Erfahrungen mit der Elfenwelt weiterzugeben.

Hinweis

Das vorliegende Buch ist sorgfältig erarbeitet worden. Dennoch erfolgen alle Angaben ohne Gewähr. Weder Autor noch Verlag können für eventuelle Schäden, die aus dem Buch gemachten Hinweisen resultieren, eine Haftung übernehmen.

Bildnachweis

AKG, Berlin: 33, 34 u., 35, 38 (Holzstich v. Knut Ekwall, 1843 – 1912); all over, Kleve: 20 (Walter Schels), 57 (Rolf E. Kunz); Artwork, Agentur Walter Holl, Aachen: Titel (Joop Smits), 53 (Hans Georg Leiendecker); Bildarchiv Steffens, Mainz: 31 u. (Arthur Rackham, 1867 – 1939); bpk, Berlin: 24 (Lithografie von J.B. Sonderland, um 1865); Bridgeman Art Library, London: 29-30, 31 o., 42 (»Titania« v. John Simmons, 1866), 43 (»The Dew Maiden« v. George Stafford, 1842 – 60), 54 (»Midsummer Fairies« v. John George Naish, 1856), 51, 61, 62; Gettyone Stone, München: 22, 47 (P. Sisul), 56 (David Sacks); Holitzka Klaus, aus Feng-Shui-Energiebilder, erschienen im Schirner-Verlag: 50–52; Look, München: 10, 11 (Ulli Seer), 15, 21 (Florian Werner), 19 (Rainer Martini), 32 (Karl-Heinz Raach); Osterholz-Verlag: 16 (Wolfgang Dengler); Premium, Düsseldorf: 4–6 (Wegner), 12-13, 14 (J. Lundgren), 18 (Images), 23 (Images Colour), 34 (Panoramic Images), 58 (Botzke), 59 (R. Gehmann); Südwest Verlag, München: 46 (S. Sperl)

Die Illustrationen stammen von Verena Döring, München

Über den Autor

Ron van Valkenberg studierte in Amsterdam Religionswissenschaften und Psychologie. Er beschäftigte sich über Jahrzehnte mit den esoterischen Lehren aus Ost und West und leitete Workshops in Holland und Dänemark. Seit einigen Jahren lebt der Autor auf einer Farm in Kalifornien. Von Ron van Valkenberg ist im W. Ludwig Buchverlag außerdem der Titel »Atlas der Engel & Feen« erschienen. (Atlas der Engel & Feen; ISBN 3-7787-3982-4; 96 Seiten)

Impressum

Der Ludwig Buchverlag ist ein Unternehmen der Ullstein Heyne List GmbH & Co. KG
© 2002 Ullstein Heyne List GmbH & Co. KG, München
3. Auflage 2003

Alle Rechte vorbehalten

Nachdruck – aus auszugsweise – nur mit Genehmigung des Verlags.

Redaktion
Antje Eszerski, Michael Schaeffer
Projektleitung
Karin Stuhldreier
Redaktionsleitung
Nina Andres
Bildredaktion
Gabriele Feld
Produktion
Manfred Metzger, Annette Aatz
Umschlag
HildenDesign, München
DTP/Satz
Marcus Nerger, Reinhard Soll

Printed in Slovakia

Gedruckt auf chlor- und säurearmem Papier

ISBN 3-7787-5067-4

Register

Alven 32ff.
Andersen, Hans Christian 40f.
Augen öffnen 10
Baumelfen 58, 61f.
Bechstein, Ludwig 36, 40
Beltane 56
Beschwerden und Heilsteine 17
Blockaden lösen 62
Blumenelfen 55, 58ff.
Bunsen, Robert Wilhelm 10
Chaucer, Geoffrey 30
Devas 8, 42f., 58f., 62
Djinns 31
Dryaden 9, 58, 61
Edelsteinheilkunde 17
Elementargeister 8f., 14f.
Elemente 9, 14f., 42, 56, 58f.
 – heilende 15
 – Symbole/Bedeutung 9
Elfen 6, 8f., 30ff., 42f., 55
Engel 8
Erde 8f., 14f., 16f., 24, 32ff.
Erdelementare 16f., 24, 58
Erdgeister 32f.
 – Märchen 36f.
Erlkönig 33
Erneuerung 22f.
Erntedankfest 16
Feen 6ff., 30f.
 – Sprache der 52f.
 – Wahrnehmung der 53
Feenorte 54f.
Feenzeit 55
Feuer 8f., 14f., 22f., 27, 55
Feuerelementare 22f., 27, 58
Feuergeister 9, 46f.
 – im Märchen 48f.
Gaia-Hypothese 17
Geibel, Emanuel 21
Gnome 6, 14, 32ff.
Goethe, Johann Wolfgang von 10, 14, 18ff., 34f.
Gott/Götter 7f.
Hauff, Wilhelm 37
Heilsteine 17
Heilung 16f., 58f.
Heine, Heinrich 33, 38f., 43

Heinzelmännchen 34
Herz öffnen 10
Hesse, Hermann 37, 45, 49
Hippokrates 22
Hoffmann, E. T. A. 37, 48
Hölderlin, Friedrich 52
Ibsen, Henrik 46
Imbolc 55
Inspiration 20, 26, 43
Intuition 25, 54
Jahresfeste, heidnische 55f.
Johannisfeuer 56
Julfest 55
Kerzen 47
Klarheit 20f.
Kobolde 32, 34
Konfuzius 18
Kreativität 43
Lao Lü, chines. Gelehrter 23
Lao Tse 7
Leprechauns 33
Leschiye 8, 42f.
Lichtmess 55
Liebe 57
Lindgren, Astrid 36, 48
Lovelock, James 17
Luft 8f., 14f., 20f., 26, 42f.
Luftelementare 20f., 26, 58
Luftgeister 42f.
 – Märchen 44f.
Lugnasad 56
Mabon 56
MacDonald, George 41, 49
Märchenwelt 29ff., 36f., 40f., 44f., 48f.
Margulis, Lynn 17
Meditation 15, 24ff., 62
Morgenstern, Christian 11
Motte-Fouqué, F. H. K. de la 41
Natur 8, 11
Naturgeister
 – Herkunft 6ff.
 – personale 9
Naturphänomene 6
Nixen 6, 9, 30f., 38f.
Novalis 52
Ohren öffnen 10
Orte, magische 54
Ostara 56

Paracelsus 14
Pflanzen 6, 58ff.
Photosynthese 58
Platen, August von 44
Plinius d.J. 32
Qi (Lebensenergie) 21
Qi Gong 21
Rathenau, Walther 11
Raunächte siehe Julfest
Reinigung 18f.
Rübezahl 34
Salamander 14, 46f.
Samhain 56
Schamanen 7, 17, 47
Schiller, Friedrich 6, 14ff.
Schlüssel, drei goldene 10
Schnittblumen 62
Schopenhauer, Arthur 15
Schubert, Franz 33
Schwarzer Hirsch (Schamane) 7
Schwind, Moritz 34f.
Seejungfrauen 38f.
Seelenkräfte harmonisieren 59
Selkies 39
Shakespeare, William 44f., 57
Sommersonnwende 56
Sylphen 8f., 14, 42f.
Tao 7
Tao te King 7
Tieck, Ludwig 45
Trolle 32, 34
Undinen 14
Verzaubern lassen 57
Vesta 46
Wahrnehmung 11, 53
Walking Buffalo 59
Walpurgisnacht, siehe Beltane
Wasser 8f., 14f., 18f., 25, 32, 38f.
 – religiöse Bedeutung 19
Wasserelementare 18f., 25, 58
Wassermänner 38ff.
Wichtel 32
Wieland, Christoph Martin 44, 49
Wilde, Oscar 54
Zapfenmandl 34
Zeiten, magische 55
Zwerge 6, 9, 30f., 32ff.